Bail emphytéotique
& monuments historiques

Droit du patrimoine culturel et naturel

Collection dirigée par Marie Cornu et Jérôme Fromageau

Cette collection initiée par le groupe de recherches « Droit du patrimoine culturel et naturel » a pour but de développer et d'enrichir la réflexion sur les objets et modes de protection dans le domaine du patrimoine culturel et naturel. Les questions que soulèvent la conservation, la circulation, la valorisation du patrimoine sollicitent, en effet, ces deux disciplines. Le contexte d'un monument historique, son environnement, le paysage dans lequel il s'inscrit sont souvent essentiels à sa mise en valeur. Le droit de la culture et le droit de l'environnement développent cependant des concepts propres. Ils ne sont pas toujours en accord sur les méthodes et les moyens de protection, d'où l'intérêt de la confrontation et de la comparaison des ressources tirées de ces deux dispositifs.

C'est pourquoi la réflexion doit se renouveler sur les concepts fondamentaux du patrimoine, sur la délimitation des éléments qui méritent protection, et des outils qu'il faut nécessairement adapter. Dans la compréhension des différents mécanismes et l'ouverture vers de nouveaux modèles, le droit comparé est essentiel, ainsi que le droit international.

Dernières parutions

Raphaël BRETT et Jérôme FROMAGEAU, *La protection juridique des forêts. Perspectives nationales et internationales,* 2024.

Jean-Raphaël PELLAS, *Fiscalité du patrimoine culturel mobilier. Contribution à une étude de la doctrine fiscale relative aux biens culturels*, 2024.

Christophe DOUBOVETZKY, *L'action culturelle territoriale en droit public français,* 2023.

Valentine MOLINEAU, *Le rôle du musée dans la lutte contre le trafic illicite de biens culturels*, 2023.

Marie CORNU et Jérôme FROMAGEAU (dir.), *Les collections privées, Approches historiques et juridiques*, 2022.

Sous la direction de
Géraldine Goffaux Callebaut et Armelle Verjat

Bail emphytéotique
& monuments historiques

L'Harmattan

Actes du colloque organisé par l'IDEP, l'IEDP, la Demeure Historique et la Fondation Mérimée au Musée de la Chasse et de la Nature (Paris), le 16 novembre 2018.

5-7, rue de l'École-Polytechnique, 75005 Paris
http://www.editions-harmattan.fr
ISBN : 978-2-336-48388-7
EAN : 9782336483887

Avant-propos

Les contributions réunies dans cet ouvrage ont été présentées lors du colloque *Bail emphytéotique & monuments historiques*, organisé le 16 novembre 2018 par l'Institut Droit Éthique Patrimoine et l'Institut d'Études de Droit Public (Université Paris-Saclay), la Demeure Historique et la Fondation pour les monuments historiques (devenue Fondation Mérimée), en collaboration avec l'Institut des Sciences du Politique (ENS Cachan). Ce colloque a été soutenu par la Fondation François Sommer, le Département SHS de l'Université Paris-Saclay et la revue *JurisTourisme* des éditions Dalloz (groupe Lefebvre Dalloz).

Comité scientifique du colloque

Stéphane Duroy, Professeur de droit public, chercheur à l'IEDP, co-directeur du Master Droit du patrimoine culturel
Géraldine Goffaux Callebaut, Professeur de droit privé, chercheur associé à l'IDEP, co-directeur du Master Droit du patrimoine culturel
Jean de Lambertye, Président de la Demeure Historique
Armelle Verjat, Docteur en droit, chercheur associé à l'IDEP

Les responsables scientifiques du colloque tiennent à remercier les institutions qui ont soutenu cette manifestation, ainsi que le service de la recherche de la Faculté Jean Monnet de l'Université Paris-Saclay.
Géraldine Goffaux Callebaut et Armelle Verjat tiennent à remercier spécialement Philippe Dulac et Jean de Lambertye, ainsi que les Professeurs Véronique Magnier, Yann Paclot et Charles Vautrot-Schwarz pour leur soutien. Elles remercient chaleureusement, pour leur aide précieuse, le Professeur Didier Guével, Marie-Antoinette Guérard et Caroline Schnettler.

SOMMAIRE

I
Les usages du contrat

II
La rédaction du contrat

III
La vie du contrat

IV
La sortie du contrat

V
Les alternatives au bail emphytéotique

VI
Conclusion

Préface

Géraldine GOFFAUX CALLEBAUT
Professeur de droit privé à l'Université d'Orléans
Membre du Centre de Recherche Juridique Pothier (UR 1212)
Membre associé de l'Institut Droit Éthique Patrimoine
(Université Paris-Saclay)

Armelle VERJAT
Docteur en droit
Membre associé de l'Institut Droit Éthique Patrimoine
(Université Paris-Saclay)

Le 16 novembre 2018 s'est déroulé au Musée de la Chasse et de la Nature le colloque *Bail emphytéotique & monuments historiques*. L'origine de ce colloque tient au constat des difficultés suscitées en pratique par la rencontre de ces deux objets juridiques.

Bail de longue durée, l'emphytéose confère au preneur (l'emphytéote) un droit réel immobilier, susceptible d'hypothèque et de cession. Initialement conçu comme un outil de droit rural, ce bail connaît un renouveau grâce aux propriétaires et aux exploitants de monuments historiques. Il a même été au cœur des débats sur le devenir de l'Hôtel de la Marine puisque c'est à cette occasion qu'a été créé le bail emphytéotique administratif de valorisation.
De façon générale, sont concernés des acteurs aussi bien publics que privés et ce, de part et d'autre de la relation contractuelle, bailleur ou preneur. Dans le cas des monuments historiques, la pratique révèle d'ailleurs des combinaisons multiples : bailleurs et preneurs publics, bailleurs et preneurs privés, bailleurs privés et preneurs publics ou bailleurs publics et preneurs privés.

Dans ce cadre, à quels usages le bail emphytéotique a-t-il vocation à répondre ? Quels sont les enjeux juridiques et fiscaux auxquels sont confrontées les parties à ce contrat ? Comment rédiger cette convention ? Quelle est la responsabilité du preneur en matière de conservation du monument historique ? Comment adapter l'accord aux évolutions de la situation du monument ? Peut-on sortir de manière anticipée d'un bail emphytéotique en cours ? Existe-t-il des contrats concurrents au bail emphytéotique ?

Pour répondre à ces questions, le colloque a confronté les points de vue des universitaires et des utilisateurs de ces contrats. En outre, le bail emphytéotique étant dans le domaine des monuments historiques une pratique relativement peu connue, la confrontation du droit public, du droit privé et du droit fiscal a conduit à préciser les contours de ce contrat appliqué à la matière. S'il existe quelques études partielles du sujet, aucune étude générale n'avait encore été entreprise. Compte tenu de l'importance croissante de ce contrat et des questions juridiques et fiscales qu'il soulève, ce sujet s'imposait afin de permettre une meilleure compréhension de cet outil au service de la protection et de la valorisation des monuments historiques.

Les débats ont été riches. Ils ont réuni de nombreux participants, étudiants, chercheurs et professionnels du droit, public comme privé.

Ce projet de recherche, mené par l'Institut Droit Éthique Patrimoine et l'Institut d'Études de Droit Public (Université Paris-Saclay) avec la Demeure Historique et la Fondation Mérimée, a été soutenu par la Fondation François Sommer, l'Institut des Sciences du Politique (ENS Cachan), le Département SHS de l'Université Paris-Saclay et la revue *JurisTourisme* des Éditions Dalloz (groupe Lefebvre Dalloz). Que tous, intervenants, participants et soutiens, soient vivement remerciés pour leur contribution précieuse.

Cet ouvrage reprend la plupart des interventions faites lors de ce colloque, ainsi que d'autres textes proposés à l'issue de ce dernier. Ces actes ayant tardé à paraître, la date de remise du texte de chaque intervenant a été indiquée à la fin de sa contribution. Les titres de chacun à l'époque du colloque ont été gardés. Nous les remercions pour leur patience.

Ouverture[1]

Philippe DULAC
Président de la Fondation François Sommer

La Fondation François Sommer entretient avec la Demeure Historique d'excellentes relations puisqu'en 2012 nous avons créé avec elle un prix, aujourd'hui géré par la Fondation Mérimée, pour récompenser des travaux de restauration effectués dans des monuments historiques qui ont un rapport avec la chasse : un chenil, une écurie, un pigeonnier ou un pavillon de chasse.

Le fait d'accueillir ce colloque dans l'Hôtel de Mongelas a du sens. Cet hôtel particulier du XVIIIe siècle a fait l'objet d'une restauration exemplaire et je vais vous en dire quelques mots. La Fondation l'a acheté en 2002 à la Guilde des Orfèvres pour y étendre le Musée de la Chasse et de la Nature. Mon prédécesseur, Christian de Longevialle, a présidé à d'importants travaux dans les années 2004-2007, en concertation avec l'architecte des Bâtiments de France et dans le respect des dispositions du Plan de Sauvegarde et de Mise en Valeur du Marais. Après une campagne de fouilles archéologiques, l'effacement de bâtiments parasites et la reprise des fondations, les architectes se sont attachés à retrouver l'état de 1705, dans toute sa beauté et sa simplicité ornementale. Ces travaux d'envergure ont permis de déployer le nouveau parcours muséographique dans nos deux hôtels mitoyens, en ouvrant des passages entre l'Hôtel de Mongelas, propriété de la Fondation et l'Hôtel de Guénégaud, superbe demeure du XVIIe siècle que l'on doit à l'architecte François Mansart.

---

[1] La forme orale a été conservée.

Nous arrivons au sujet de ce colloque : « *Bail emphytéotique & monuments historiques* ».

Car à Guénégaud, la Fondation François Sommer n'est pas propriétaire, mais emphytéote. Et qui est notre bailleur ? La Ville de Paris. Pour une raison que je vais expliquer ici. Au début des années 1960, le propriétaire privé de l'Hôtel de Guénégaud n'a qu'une idée, c'est de le faire raser pour pouvoir vendre un terrain bien situé pour une belle opération de promotion immobilière. Le ministère de la Culture, André Malraux en tête, a guerroyé pour éviter cette issue fatale. Est arrivé néanmoins le jour où un tribunal a rendu une décision qui ouvrait au propriétaire la voie de la démolition. Le ministère de la Culture n'a pu trouver d'autre parade que de demander à la Ville de Paris d'exproprier. Ce que la ville a bien voulu faire, dans un esprit de service rendu à la cause du patrimoine historique. Elle s'est retrouvée propriétaire de l'Hôtel de Guénégaud qui devait, compte tenu des contacts entre André Malraux et François Sommer, revenir à la Fondation pour qu'elle y installe son Musée de la Chasse et de la Nature. C'était une situation un petit peu compliquée : la ville ne pouvait exproprier et revendre dans la foulée. Elle a donc consenti un bail emphytéotique de 99 ans à François Sommer, à charge pour lui de le transmettre à la Fondation qu'il était en train de créer. C'était en 1964 et la Fondation est née en 1966. Qu'a apporté la Ville de Paris avec ce bail ? Elle a apporté un terrain, ça c'est certain, et pour le reste, elle a apporté une ruine, car l'Hôtel de Guénégaud était une ruine. Il avait été saccagé comme la plupart des hôtels du Marais durant le XIXᵉ siècle surtout, avec des ateliers, des locaux industriels, un garage… Ce qu'il en restait était pathétique. En contrepartie de ce bail, la Fondation François Sommer s'est engagée à rénover l'hôtel – pour ne pas dire à le reconstruire – avec une aide non négligeable du ministère de la Culture. L'hôtel a conservé son très bel escalier suspendu, retrouvé ses façades, son jardin à la française et son magnifique équilibre.

Il s'agit du seul hôtel particulier construit par Mansart qui soit intégralement conservé à Paris.
C'est donc en ces lieux que nous vous accueillons ce matin, sous les auspices bienveillants d'un couple d'amoureux du patrimoine, Jacqueline et François Sommer, dans le but d'échanger et d'approfondir nos connaissances sur l'usage du bail emphytéotique au service des monuments historiques.

Le 19 novembre 2018 (relu en mai 2024).

Introduction[1]

Jean DE LAMBERTYE
Président de la Demeure Historique

Je vais poursuivre les remerciements, mais aussi vous dire, en tant que président de la Demeure Historique, ma joie d'être parmi vous aujourd'hui. Je voudrais évidemment remercier en premier lieu Philippe Dulac, et plus largement toute son équipe, parce qu'il existe, il l'a rappelé, un partenariat étroit et multiple, et légitime je dirais, entre la Demeure Historique, d'une part, la Fondation Sommer et le Musée de la Chasse et de la Nature, d'autre part. Nous avons la chance d'être accueillis dans ce lieu pour nombre de nos séminaires de travail. Je crois que c'est assez intéressant comme introduction, outre d'évoquer le cas pratique de l'Hôtel de Guénégaud, de conduire au sein de lieux de mémoire ou de monuments historiques des travaux de réflexion comme ceux d'aujourd'hui, afin de pérenniser la dimension de mémoire et de patrimoine immatériel qui s'y rattache. Je voudrais également remercier, évidemment, Géraldine Goffaux Callebaut et Armelle Verjat, ainsi que le Doyen Jérôme Fromageau, parce qu'il a eu l'idée de créer ce master de droit du patrimoine culturel. Je ne suis pas juriste – bien qu'éphémère ancien étudiant de Paris XI –, mais grâce à vous, nous avons à la Demeure Historique d'excellentes, remarquables même, juristes et je rappelais récemment que, lorsque je suis arrivé à la présidence de la Demeure Historique, nous avions des ressources humaines issues plutôt de l'École du Louvre, ou de cursus d'histoire de l'art, alors qu'aujourd'hui, le curseur s'est déplacé vers des juristes

[1] La forme orale a été conservée.

spécialisés, qui aiment l'art et qui aiment le beau, c'est certain. Il faut être passionné par le sujet, et c'est intéressant de voir que cette mutation s'est faite de façon assez naturelle et nécessaire en quelque sorte. Mon côté pragmatique fait que je suis très attaché à ce lien entre la recherche – vous êtes des chercheurs, des universitaires pour l'essentiel, d'éminents juristes – et la pratique, l'opérationnel. Et ceci m'amène à évoquer pourquoi finalement ce bail emphytéotique présente une certaine modernité, et à vous raconter l'anecdote qui y est liée en matière de loi de finances et de monuments historiques.

On voit clairement dans les tendances de la gestion des monuments historiques deux éléments de difficulté.

Le premier est la question de la gestion et du modèle économique qui s'y rattache. Mon prisme est un peu déformé, je vais donc parler principalement de monuments historiques en milieu rural. Ce sont des monuments qui ont une certaine taille, des prieurés, des abbayes, des châteaux, des manoirs, qui ont perdu leur modèle économique foncier initial. Donc aujourd'hui, ce sont des monuments pour lesquels il faut réinventer un modèle économique. De ce fait, on voit fleurir un mouvement, que je considère comme une tendance forte, aussi bien dans le monde public que le monde privé, de séparation entre la fonction de propriété et la fonction de gestion. Alors évidemment, il y a des baux ou des modes de gestion déléguée qui sont simples, dans le domaine public et dans le domaine privé, mais le bail emphytéotique, qui a, jusque-là, été utilisé de façon un peu sporadique, voire anecdotique, va devenir me semble-t-il, et les travaux de ce colloque sont essentiels, un outil de gestion moderne des monuments historiques puisqu'il permettra à quelqu'un (le preneur ou l'emphytéote) de monter un projet entrepreneurial, quand bien même il ne serait pas détenteur du foncier. Un peu comme un jeune cultivateur peut prendre un bail à long terme ou un bail de carrière de 25 ans. Je pense qu'il y aura des *start-uppeurs* de la gestion des monuments historiques qui vont s'inscrire dans la durée, quitte à ce que cette durée soit ensuite raccourcie parce qu'il y aura une évolution, mais en tout cas le projet s'inscrira dans la durée. Et de ce point de vue, le bail emphytéotique, qu'il se rattache à un monument public ou privé, sera un outil d'avenir, c'est en tout cas mon intuition.

Le deuxième élément, c'est la transmission. Aujourd'hui, nous disons qu'il existe 1 000 monuments historiques à vendre en France, ventes assumées ou ventes non encore officialisées. Pourquoi ? Simplement parce que – vous êtes pour l'essentiel dans cette salle très jeunes – prendre la responsabilité d'un monument historique, « se coller un fil à la patte » dans une province profonde pour gérer une usine, fût-elle historique, ce n'est pas glamour et ça ne fait pas rêver, ce n'est pas le modèle des enfants qui ont une vingtaine d'années, et qui sont à des années-lumière de cela. Dès lors, le sujet est précisément de savoir ce que nous allons faire, comment nous allons transmettre ces monuments et qui va s'en occuper. On veut attirer 100 millions de touristes en 2020 ou 2025 : avec quoi va-t-on les attirer ? Alors que l'on sait que nos touristes étrangers aiment le patrimoine, aiment les paysages français et aiment la gastronomie française également.
Je le vois au sein de la Demeure Historique, il y a de nombreux monuments sur lesquels pèsent clairement une grosse hypothèque de transmission. Où vont aller ces monuments ? Ils ne vont pas être repris par les collectivités publiques, surtout pas par l'État, alors que – ce que l'on ignore souvent – l'État a encore vendu récemment un monument historique emblématique à un propriétaire privé. Plusieurs départements, tenus par des majorités de gauche ou de droite, ont vendu ou mettent en vente des monuments historiques. Et personne n'en parle ! Mais c'est bien parce qu'il n'y a pas de volonté ou de possibilité de développer un projet économiquement

viable. Et il y a bien une question de transmission. Qui va s'occuper de tous ces monuments ? Là aussi il faut arriver à proposer, notamment par le bail emphytéotique, des schémas de transmission, fussent-ils temporaires ou pour une génération. Je pense par exemple à un monument dans ma région, en Lorraine, dont on ne sait pas très bien si la génération actuelle va pouvoir le reprendre. Nous suggérons l'idée d'un saut de génération, en confiant la gestion du monument à quelqu'un d'autre, à une entité extérieure, et ça je pense que le bail emphytéotique est un moyen de permettre cette sorte de transmission temporaire, non pas d'usufruit, mais de gestion, afin de permettre qu'un propriétaire public ou privé puisse garder la propriété du monument, sans pour autant assumer pleinement la responsabilité de la vie de ce monument. Donc, gestion et transmission sont au cœur de la modernité et de la nécessité de rendre efficient ce bail emphytéotique, attaché au monument historique, qu'il soit public ou privé. Vous en débattrez largement.

Je suis très heureux que vous ayez la chance d'entendre des témoignages de personnes qui ont décidé aujourd'hui de faire part de leurs expériences. Je crois beaucoup au partage d'expériences. Et nous avons voulu développer cela depuis des années à la Demeure Historique, avec notamment Armelle Verjat, et nous continuerons en ce sens, puisqu'elle est appelée à devenir déléguée générale de notre association à partir de janvier prochain. Donc voilà, gestion, transmission, partage d'expériences, je crois qu'on est au cœur de notre journée.

Je vais vous raconter pour terminer comment le bail emphytéotique est le dernier élément d'amélioration du régime fiscal des monuments historiques, ce que l'on sait peu. C'est une disposition récente passée inaperçue ; on n'a pas fait de publicité à ce sujet. L'idée est venue d'une jeune collaboratrice de la Demeure Historique, Anne-Sophie

Bellamy-Biard, qui un jour me dit : « C'est curieux, le régime fiscal ne s'applique pas à l'emphytéote, au preneur, en matière de bail emphytéotique, ce qui est complètement paradoxal », et elle avait raison. Et donc nous avons entrepris un cheminement pour convaincre les parlementaires de la commission des finances que c'était pertinent. Nous avons contacté un député membre de cette commission à l'Assemblée nationale[2], lequel m'a d'abord dit : « Cela n'a aucun sens votre truc ». J'ai parlé pendant une heure au téléphone avec lui, depuis ma voiture arrêtée au bord de la route, je m'en souviens. Et puis il a conclu : « Ah, ce n'est pas idiot ! ». Puis, nous avons trouvé un soutien auprès de l'actuel président de la commission des finances du Sénat, Vincent Éblé, lequel est un amoureux du patrimoine. À l'époque, il était membre de la commission des finances du Sénat et avait été président du conseil général de la Seine-et-Marne. Il a trouvé l'idée excellente et a porté l'amendement lors des débats sur le projet de loi de finances. Mais il fallait franchir un dernier Rubicon, qui était important : le gouvernement. Il se trouve que je suis originaire de la région de Longwy, et le député du secteur, Christian Eckert, était devenu secrétaire d'État au budget.

Je lui envoie un *sms*, en lui disant : « Je voudrais vous parler ». Il me répond : « Appelez-moi dans une heure ». Je lui dis : « Voilà ce qui se passe, nous avons en Lorraine deux monuments importants, l'un qui s'appelle Lunéville, château majeur appartenant à un département qui, faute de moyens suffisants, ne sait pas quoi en faire, c'est une coquille presque vide. À côté, nous avons un château emblématique privé, qui rencontre peut-être un problème de transmission, Haroué. Les deux ont une histoire commune, à 30 kilomètres l'un de l'autre, et sont très identitaires pour la région. Que faire ? Qui va s'en occuper ? Nous avons besoin de donner une

---

[2] NDLR : Michel Piron, député du Maine-et-Loire, qui a porté l'amendement 962 C au PLF 2016 le 10 novembre 2015, amendement non soutenu.

modernité à la capacité de gérer dans la durée un monument, quand bien même nous ne sommes pas propriétaires. Et s'il est privé, on n'a pas les contreparties fiscales liées à la gestion de ce monument, donc c'est raté ». Il me dit : « D'accord, j'ai compris, je vois ce que je peux faire ». Et en séance publique, au moment du débat budgétaire, après que Vincent Éblé a présenté son amendement, Christian Eckert répond : « Le gouvernement s'en remet à la sagesse du Sénat. » Ce qui voulait dire qu'il acceptait implicitement le dispositif[3].

Et voilà comment, grâce à la loi de finances pour 2016, avec un effet au 1er janvier 2017, ce dispositif permet maintenant au preneur d'un bail emphytéotique, l'emphytéote, de bénéficier du régime fiscal des monuments historiques. Ces sujets sont appelés à vivre grâce à vous, parce qu'il reste de nombreux points à traiter dans la mise en œuvre de ces baux. Je crois que l'on va en débattre aujourd'hui. Voilà ce que je voulais vous dire. Et voilà pourquoi la Demeure Historique s'est engagée, très rapidement, pour soutenir ce colloque, grâce encore une fois, à l'accueil de la Fondation Sommer et de son président. Merci.

Le 19 novembre 2018 (relu en mai 2024).

---

[3] Note de l'auteur : pour la petite histoire, les minutes du débat en séance publique au Sénat le 7 décembre 2015 nous précisent que Gérard Longuet, sénateur de la Meuse et politiquement opposé à Christian Eckert, s'exclame après le *nihil obstat* gouvernemental : « Je trouve cet amendement tellement intéressant que je regrette de n'en avoir pas eu moi-même l'idée ! », ce qui a fait sourire l'hémicycle…

I
Les usages du contrat

Les usages du bail emphytéotique
Aspects de droit privé

Géraldine GOFFAUX CALLEBAUT
Professeur de droit privé à l'Université d'Orléans
Membre du CRJ Pothier et membre associée de l'IDEP

Historiquement, le bail emphytéotique[1] est un contrat de droit rural. Il porte alors essentiellement sur des terres à cultiver. Ce rattachement au droit rural perdure puisque les dispositions spéciales qui le régissent sont contenues dans le code rural et de la pêche maritime, aux articles L. 451-1 et suivants. Ce contrat est défini en droit français comme le « bail par lequel un propriétaire concède un immeuble pour une durée de 18 à 99 ans, moyennant une redevance annuelle modique appelée canon emphytéotique et sous l'obligation de planter ou d'améliorer l'immeuble loué (L. 25 juin 1902) à un preneur nommé emphytéote qui acquiert le droit réel d'emphytéose »[2]. Aujourd'hui, ce contrat a un objet élargi. Il peut toujours concerner des terres à cultiver, mais il s'applique aussi au patrimoine bâti. Tous les immeubles, y compris les monuments historiques, peuvent donc *a priori* faire l'objet de cette convention. Depuis quelques années, on peut même noter que ce contrat, parfois considéré comme vieux et poussiéreux, connaît un regain d'intérêt en devenant un véritable outil de valorisation des monuments historiques. Un exemple topique, emprunté au droit public, a été révélé lors du débat sur le devenir de l'Hôtel de la Marine, en 2010, lorsque le législateur a créé une nouvelle forme de bail

---

[1] V. *Rép. civ.*, V° Bail emphytéotique, par J.-L. Tixier, avr. 2006.

[2] *Vocabulaire juridique de l'Association Henri Capitant*, par Gérard Cornu, V° Bail emphytéotique, PUF, coll. Quadrige, 2000.

emphytéotique, le bail emphytéotique administratif de valorisation[3].

Au-delà des exemples médiatiques, la pratique révèle quelques exemples de ces baux portant sur des monuments historiques et relevant du droit privé ou du droit public selon les circonstances. Sans parler d'engouement, l'instrument suscite de plus en plus d'intérêt de la part des propriétaires de monuments historiques, privés ou publics, et des éventuels preneurs[4]. La valorisation de ces immeubles est une question essentielle pour leurs propriétaires qui sont à la recherche d'outils juridiques pour assurer la charge de l'immeuble. La question se pose alors de l'opportunité de ce bail emphytéotique dans le cas particulier des monuments historiques qui représentent une valeur immobilière évidente en même temps que des charges d'entretien importantes.
Il ne s'agit pas ici de déflorer totalement les atouts de ce contrat en droit privé mais de répondre à deux questions : pourquoi utiliser le bail emphytéotique pour transférer la jouissance d'un monument historique, et comment utiliser ce bail emphytéotique portant sur un monument historique ? Pour répondre à ces questions, il faut d'abord envisager l'intérêt de l'utilisation du bail emphytéotique en droit privé (**I**) avant d'étudier les modalités d'utilisation de ce bail (**II**).

---

[3] CGPPP, art. L. 2341-1, issu de l'article 11 de la loi n° 2010-853 du 23 juill. 2010 relative aux réseaux consulaires, au commerce, à l'artisanat et aux services, *JO* du 24. Sur ce sujet, v. not. P. Yolka, « Reconversion de l'Hôtel de la Marine – Le Bateau ivre ? », *AJDA* 2011. 429 ; J.-D. Dreyfus, « "Privatisation" du patrimoine et des monuments historiques : l'exemple de l'Hôtel de la Marine », *AJCT* 2013. 405 ; E. Fatôme et M. Raunet, « Naissance d'un nouveau bail emphytéotique administratif : le BEA de valorisation », *AJDA* 2010. 2475.

[4] V. le dossier dirigé par A. Verjat, « Le bail emphytéotique, une opportunité pour les monuments historiques », *Demeure Historique*, n° 207, p. 26 et s., dont les exemples seront ici repris.

I. L'intérêt de l'utilisation du bail emphytéotique en droit privé

L'intérêt d'utiliser le bail emphytéotique en droit privé est large. Cela se vérifie, d'une part, au regard des atouts de ce contrat (**A**) et, d'autre part, au regard des usages de ce contrat (**B**).

A. Les atouts du bail emphytéotique

Les dispositions du code rural et de la pêche maritime sont peu nombreuses[5]. En droit privé, le faible encadrement législatif renvoie donc beaucoup, par effet ricochet, au droit commun des contrats et au principe de liberté contractuelle posé par le nouvel article 1102 du code civil. Dès lors, hormis les dispositions impératives, relativement rares, les rédacteurs du contrat vont pouvoir adapter le contrat aux besoins des parties.

En outre, dans le cadre d'un monument historique, ce bail présente des atouts spécifiques essentiels. Le premier est sa durée relativement longue, entre 18 et 99 ans, ce qui permet d'envisager pour le preneur d'investir dans le monument, en moyens humains et matériels. Le deuxième atout tient à ce que le loyer, appelé *canon*, est généralement modeste, ce qui est compensé par l'obligation du preneur (l'emphytéote) d'assurer l'entretien et les réparations sur le bâtiment. Dans le cadre d'un monument historique, ce dernier aspect est évidemment essentiel. À l'issue du bail, le bâtiment retournera au bailleur sans que ce dernier ait à verser d'indemnités ou de compensation. Le troisième atout relève des droits conférés au preneur. En effet, le contrat lui confère des droits réels, ce qui est un gage de crédit pour ce dernier. Enfin, ce bail permet une certaine adaptation, en ce qu'il peut notamment porter sur tout ou partie du monument, ou sur tout ou partie du

---

[5] Les 13 dispositions relatives au bail emphytéotique y sont contenues aux articles L. 451-1 à 451-13.

domaine. Ainsi, par exemple, les dépendances d'un château peuvent faire l'objet du bail et le château lui-même rester à l'usage du propriétaire.
Malgré ces atouts, le contrat doit respecter les caractéristiques du bail emphytéotique. Sur ce point, la jurisprudence est importante. Les juges veillent à l'intégrité de ce contrat. Il faut rappeler ici l'article 12 du code de procédure civile qui permet au juge de (re)donner au contrat son exacte qualification, quelle que soit l'appellation que les parties ont indiquée. C'est ainsi que des arrêts de la Cour de cassation peuvent requalifier des contrats appelés baux emphytéotiques en baux commerciaux ou en baux d'habitation[6]. La rédaction de ce contrat est donc essentielle.
Ainsi, les atouts de l'emphytéose sont nombreux. Ils en font un outil aux usages multiples.

B. Les usages du bail emphytéotique

La pratique montre que les usages du bail emphytéotique sont variés[7]. Malgré la diversité, on peut relever une constante dans ces usages de l'emphytéose en matière de monuments historiques. En effet, la volonté de valoriser le monument constitue le dénominateur commun de ces baux, du point de vue du bailleur comme de celui de l'emphytéote.
Du point de vue du bailleur, la valorisation des immeubles est une question essentielle. Leurs propriétaires sont à la recherche d'outils juridiques permettant, au minimum, d'assurer le financement des charges de l'immeuble, et par là

---

[6] Civ. 3, 3 oct. 1991, n° 90-15.889, *AJDI* 1992. 530 ; *Bull. civ.* III, n° 222 ; *D.* 1991. 238 ; 13 mai 1998, n° 96-13.586 et n° 96-14.076 : *Bull. civ.* III, n°101 ; *D.* 1998, somm. 346, obs. A. Robert ; *RDI* 1998. 697, obs. J. Derruppé ; *RD rur.* 1998. 377 et 618.

[7] V. le dossier dirigé par A. Verjat, « Le bail emphytéotique, une opportunité pour les monuments historiques », *Demeure Historique*, n° 207, p. 26 s., dont les exemples seront ici repris.

sa pérennité[8]. À cet égard, une question essentielle est celle de la définition de la valorisation[9]. En effet, ce terme connaît différentes acceptions selon les intentions affichées par le bailleur. Lorsque le monument historique est privé, la valorisation est entendue dans un premier sens comme le fait de tirer un revenu du monument par la mise à disposition de celui-ci. Ainsi, dans le cadre de l'exécution du contrat, le monument ne coûtera donc rien au bailleur et, à l'issue du bail, les réparations ou réhabilitations opérées sur le bâtiment pourront augmenter la valeur du bien. Dans ce cas, la valorisation passe plus spécialement par la réalisation d'une plus-value. Cette intention est parfois doublée, toujours en matière privée, par une autre : celle de transmettre le monument historique à un héritier qui est intéressé par le monument mais qui n'a pas encore la maturité ou les moyens de le reprendre. Le contrat permet alors de transmettre un bien en bon état à un descendant, plutôt un petit-enfant ou un petit-neveu, qui le récupérera à l'issue du bail. Une autre forme de valorisation peut être empruntée au droit public. Le bailleur peut en effet entendre la valorisation comme le fait de faire « mieux apparaître l'intérêt du bien ou [en le faisant] mieux connaître, par exemple en y installant un musée, en organisant son ouverture au public »[10]. Le propriétaire du monument n'a pas toujours le temps, les moyens humains et matériels ou l'énergie, pour déployer au sein de son monument une activité qui lui permet de le faire connaître et

8 V. notamment A. Verjat, *La gestion privée des monuments historiques privés : structures et outils juridiques et fiscaux*, Thèse de doctorat en droit privé, sous la dir. de J. Fromageau, Université Paris-Sud 2008. V. aussi A.-S. Bellamy-Biard, thèse en cours.

9 G. Goffaux Callebaut, « Les modes de gestion des monuments historiques », *in Mémoloi, De 1913 au code du patrimoine, une loi en évolution sur les monuments historiques*, J.-P. Bady, M. Cornu, J. Fromageau, J.-M. Leniaud et V. Negri (dir.), La documentation française, 2018, p. 311.

10 E. Fatôme et M. Raunet, « Naissance d'un nouveau bail emphytéotique administratif : le BEA de valorisation », *AJDA* 2010, p. 2475.

de le mettre en valeur. Le bail emphytéotique permet donc ce type de valorisation.
Quant à l'emphytéote, la diversité des usages tient à celle des activités entreprises par ce dernier. L'emphytéote peut être une personne privée, physique ou morale. Elle peut avoir une activité lucrative (sous couvert d'une société) ou non lucrative (par le biais d'une association, d'une fondation ou d'un fonds de dotation). En réalité, ces distinctions sont indifférentes quant à l'activité effectivement réalisée dans l'immeuble. En pratique, lorsque l'activité est purement économique, le monument est souvent utilisé à des fins d'hébergement ou de restauration. Mais l'activité peut également être culturelle, par l'accueil d'une galerie, d'un centre d'art ou d'un musée privé, ou éducative, par l'exploitation d'une crèche, d'une école ou d'un établissement d'enseignement supérieur. Le preneur peut également avoir pour projet la construction de logements sociaux ou la réhabilitation du monument pour y accueillir un hôpital ou un établissement d'hébergement pour personnes âgées dépendantes (Ehpad).

Les usages sont donc très variés en pratique. Ils dépendent largement en réalité de l'agencement et de l'esprit des lieux. Toutefois, il faut noter que l'activité exercée ne peut être envisagée de la même manière que dans un bail commercial. Dans ce dernier, la destination des lieux est un élément essentiel du contrat qui lie le preneur de manière très contraignante, sous réserve des règles de déspécialisation du bail[11]. Dans un bail emphytéotique, qui confère des droits très étendus dans la jouissance et l'usage du bien[12], l'activité du preneur peut, certes, être fixée par le bail mais, si une clause prévoit que cette activité ne peut être modifiée sans le consentement du bailleur, le bail emphytéotique est susceptible d'être requalifié en bail commercial. Cette requalification serait lourde de conséquences pour le bailleur,

[11] Art. L. 145-47 C. com.

[12] V. les différentes contributions de cet ouvrage.

alors obligé de renouveler le bail ou d'offrir une indemnité d'éviction au preneur en cas de non renouvellement[13].
Mais évoquer cette question de la rédaction du contrat permet d'aborder la question des modalités de l'utilisation du bail emphytéotique portant sur un monument historique.

II. Les modalités de l'utilisation du bail emphytéotique en droit privé

Une première série d'utilisations repose sur des mécanismes simples (**A**). Mais les juristes, avocats ou notaires, vont souvent plus loin en pratique et proposent des montages plus complexes (**B**).

A. Les utilisations simples du bail emphytéotique

L'utilisation première du bail emphytéotique repose sur un schéma simple : le propriétaire d'un monument donne à bail emphytéotique tout ou partie du monument. Il le fait en tant que personne physique, et le loue à un emphytéote (personne physique ou personne morale) qui lui est totalement étranger. L'emphytéote peut être un étranger ou un membre de la famille du bailleur. Dans cette hypothèse, l'application du droit de la famille, spécialement du droit des successions et des libéralités peut se poser. Lorsqu'il y a des vocations successorales réciproques, on peut craindre que d'autres héritiers se sentent lésés du fait de la perte de la jouissance du monument et qu'ils tentent de faire annuler ou requalifier le bail emphytéotique. La rédaction d'un acte authentique permet d'éviter une partie des difficultés.
Une autre situation peut être délicate dans l'hypothèse où le bail porte sur un élément essentiel de l'emphytéote qui serait soumis à une procédure collective. Dans ce cadre, si un plan

13 Pour un exemple de requalification d'un bail emphytéotique en bail commercial, v. Civ. 3, 10 avr. 2002, pourvoi n° 00-16718. Pour une requalification en bail rural, v. Civ. 3, 16 juin 2011, pourvoi n° 10-17169.

de cession était prononcé, le bail pourrait suivre l'entreprise et un nouvel emphytéote pourrait se substituer à celui initialement choisi par le propriétaire du monument historique[14]. Là encore, une utilisation fine du droit des contrats, général et spécial, peut permettre d'atténuer les risques[15].

Mais les situations peuvent être également plus complexes.

B. Les utilisations complexes du bail emphytéotique

Le constat est qu'en matière de monuments historiques, comme dans d'autres situations, le bail emphytéotique peut être l'élément d'un montage plus complexe. Ainsi, le propriétaire peut être une personne physique mais également une personne morale. Le plus souvent, il sera une société civile immobilière à laquelle les membres d'une famille auront pu apporter, en nature, leur monument.

De l'autre côté de la relation contractuelle, l'emphytéote peut être une personne morale de droit public[16]. Il peut s'agir aussi d'un organisme sans but lucratif, comme une fondation, une association ou un fonds de dotation. Dans ce cadre, l'usage du monument doit être justifié au regard de l'objet statutaire et/ou légal. Il faudra alors bien veiller à la rédaction de l'objet statutaire de l'emphytéote personne morale sans but lucratif.

Mais le plus souvent, l'emphytéote peut être une société commerciale, généralement une SARL ou une SAS, dont l'objet peut être l'exploitation d'une activité lucrative. L'intérêt de ces deux structures tient à différents facteurs. D'abord, ces sociétés ne nécessitent pas de capital minimum imposé par la loi ; ensuite, elles peuvent être constituées par un associé

---

14 Pour une illustration des difficultés rencontrées dans le cadre des procédures collectives, v. Civ. 3, 20 juin 2019, pourvoi n° 18-10763.

15 Sur ces utilités du contrat, v. notamment les contributions de Romain Boffa et de Jean-Louis Tixier dans cet ouvrage.

16 Pour ces hypothèses, v. la contribution de Stéphane Duroy dans cet ouvrage.

unique ; enfin, les associés peuvent y faire des apports en industrie, c'est-à-dire leur travail, en évitant tout apport en numéraire ou en nature. Il faut ajouter que la SAS est sans doute plus attractive car elle rend possibles de nombreux aménagements statutaires qui permettent d'adapter le fonctionnement de la société aux besoins des associés et à l'évolution de l'activité. Au sein de ces structures, on pourra retrouver les mêmes personnes que dans la société civile détentrice du monument. Ce montage permet donc de bien distinguer les patrimoines personnels et professionnels, et d'éviter qu'en cas de difficultés liées à l'exploitation, le propriétaire du monument ne soit directement touché par la procédure collective. Ce montage est également un outil d'optimisation fiscale puisqu'il permet de soustraire des bénéfices le montant des loyers et des charges afférents à l'occupation et à l'entretien du lieu. Enfin, il permet d'assurer un très fort *intuitus personae* et une confiance totale entre les cocontractants, dans la mesure où il y a identité des personnes de part et d'autre de la relation contractuelle.

À l'issue de ces développements, il ne s'agit pas de conclure mais d'ouvrir cette journée qui marquera la grande créativité des juristes, universitaires et praticiens. En effet, « le droit est la plus puissante des écoles de l'imagination. Jamais poète n'a interprété la nature aussi librement qu'un juriste la réalité. »[17]

Le 23 novembre 2018.

[17] J. Giraudoux, *La guerre de Troie n'aura pas lieu*, 1935, Acte 2, scène V, v. éd. La Pléïade, Théâtre complet, Gallimard, 1982, p. 552.

Les usages du bail emphytéotique
Aspects de droit public

Stéphane DUROY
Professeur de droit public à l'Université Paris-Saclay
Membre de l'Institut d'Études de Droit public

Longtemps, pour reprendre le mot cher à Marcel Proust, dans le droit public des contrats, le bail emphytéotique n'a joué qu'un rôle tout à fait confidentiel.

Dans les ouvrages anciens, ceux des grandes figures tutélaires du droit administratif, le terme était tout simplement invisible. C'était plus précisément le cas dans le *Traité de la juridiction administrative et des recours contentieux* d'Édouard Laferrière, dans le *Précis de droit administratif* de Maurice Hauriou ou encore dans le *Traité de droit constitutionnel* de Léon Duguit[1].

Plus près de nous, il n'était toujours pas visible dans le *Traité de droit administratif* d'André de Laubadère[2]. Dans le *Traité des contrats administratifs* du même auteur, auquel étaient associés Franck Moderne et Pierre Delvolvé, édité en 1983, il n'était encore évoqué qu'en quelques mots destinés à le distinguer de la concession de travaux publics et n'était illustré que par une référence jurisprudentielle, un arrêt rendu en 1957 par la Cour d'appel de Paris[3].

---

[1] É. Laferrière, *Traité de la juridiction administrative et des recours contentieux*, 1888, réimpression LGDJ 1989, Préface de R. Drago ; M. Hauriou, *Précis de droit administratif et de droit public*, 12e éd., 1933, réimpression Dalloz 2002, Avant-propos de P. Delvolvé et F. Moderne ; L. Duguit, *Traité de droit constitutionnel*, 3e éd., 1930.

[2] A. de Laubadère, *Traité de droit administratif*, t. I, 8e éd. 1980, t. 2, 7e éd., 1980.

[3] A. de Laubadère, F. Moderne, P. Delvolvé, *Traité des contrats administratifs*, LGDJ 1983, t. I, § 251, p. 310 ; CA Paris, 28 nov. 1957, *SARL des anciens établissements RPM c/ Chambre de commerce de Paris*, *JCP* 1958. II. 10411, note G. Liet-Veaux.

Dans cette affaire, la Cour d'appel de Paris avait qualifié le contrat conclu en 1886, entre la Ville de Paris et un sieur Blondel, pour une durée de 60 ans, et portant sur l'aménagement de l'ancienne halle au blé, en vue de sa transformation en bourse de commerce, de bail emphytéotique. Elle écartait ainsi la qualification de concession de service public et de travaux publics, que le Professeur Liet-Veaux dans sa note de commentaire, considérait pourtant comme beaucoup plus pertinente. Si j'insiste un peu sur cet arrêt, c'est que nous allons voir que, beaucoup plus récemment, la même halle au blé a fait de nouveau l'objet d'un bail emphytéotique, pour permettre son aménagement en musée, abritant une partie des collections de François Pinault. Le lien entre cet immeuble emblématique du centre de Paris et le bail emphytéotique ne peut donc qu'étonner et nourrir d'insolubles conjectures sur le « hasard ou la nécessité » juridique.

Ayant peut-être survalorisé, par mon propos, cette rare jurisprudence judiciaire, il convient surtout de revenir à l'idée première et de souligner que la consultation des recueils de la jurisprudence administrative illustrait, comme celle des travaux doctrinaux, une quasi-invisibilité du bail emphytéotique conclu par une personne publique. Dans les tables décennales du recueil Lebon, couvrant la période 1955-1964, aucun contrat n'est qualifié de bail emphytéotique. Tout au plus, une décision célèbre en son temps, celle concernant la gestion de l'hippodrome d'Auteuil par la société des Steeple-chases de France, faisait-elle penser à un tel bail. En effet, par sa durée de 50 ans, le bail par lequel la Ville de Paris avait « concédé » la jouissance de l'hippodrome d'Auteuil à cette société avait été jugé comme ne faisant pas d'elle un concessionnaire de service public, sans qu'une autre

qualification plus précise du contrat, celle de bail emphytéotique éventuellement, ait été cependant retenue[4].
Dans les tables décennales couvrant la période 1965-1974, un seul arrêt, simplement signalé aux tables, l'arrêt *Ausseil* de 1968, était relatif à des baux emphytéotiques conclus en application de la loi du 25 juillet 1902 relative à ces baux, dont la conclusion avait été autorisée par le conseil municipal d'une commune, le premier pour la construction d'immeubles d'habitation, le second pour l'aménagement d'un parc de stationnement dans le sous-sol[5].
Dans les 20 ans qui ont suivi cet arrêt de 1968, le bail emphytéotique est donc resté quasiment invisible, à l'exception notable d'un arrêt du Conseil d'État de 1985, *Association Eurolat Crédit Foncier de France*[6].
Cette extrême rareté avait une cause juridique.
Le bail emphytéotique étant constitutif de droits réels au profit de l'emphytéote, autrement dit du preneur, les personnes publiques ne pouvaient y recourir sans porter atteinte au principe d'inaliénabilité du domaine public, dans la mesure où la constitution de droits réels étant considérée comme un démembrement du droit de propriété, elle paraissait contraire au principe d'inaliénabilité du domaine public.
Cette analyse juridique était précisément au cœur de l'arrêt du Conseil d'État *Association Eurolat*, par lequel la haute juridiction avait considéré que devait être considéré comme entaché de nullité, un bail emphytéotique conclu par un syndicat intercommunal avec une association chargée de la création et de la gestion d'un foyer-logement, sur un terrain

---

4 TC, 10 juill. 1956, *Sté dès Steeple-chases de France*, *Rec.*, p. 587 ; *S.* 1956, p. 156, concl. J. Chardeau ; *RDP* 1957, p. 522, note M. Waline ; *CJEG* 1957, p. 41, note L. Renaud.

5 CE, 2 oct. 1968, *Ausseil*, req. n° 64000, *TD*, T. IV, n° 135, p. 73 ; « Domaine privé, parking et bail emphytéotique », *La revue administrative* 1968, note G. Liet-Vaux, p, 575.

6 CE, 6 mai 1985, *Association Eurolat Crédit Foncier de France*, *Rec.*, p. 141.

relevant de son domaine public parce qu'affecté à un service public et destiné par les parties à être aménagé à cet effet.
Il résultait donc de l'arrêt *Eurolat*, que les personnes publiques ne pouvaient pas conclure avec un cocontractant privé, un bail emphytéotique impliquant des biens du domaine public. Elles pouvaient cependant le faire lorsque le bail emphytéotique portait sur des biens du domaine privé, ce qui était précisément le cas dans l'affaire *Ausseil* de 1968[7].
Ce n'est qu'en 1988 que le législateur, soucieux de favoriser la valorisation du domaine public, a, par la loi du 5 janvier, d'amélioration de la décentralisation, conféré au bail emphytéotique une certaine visibilité, en introduisant dans le code général des collectivités territoriales (CGCT) un article L. 1311-2 permettant aux collectivités locales et à leurs établissements publics de consentir sur des immeubles de leur domaine public comme de leur domaine privé, des baux emphytéotiques. L'article précise que ce bail emphytéotique est dénommé bail emphytéotique administratif.
L'objectif était clairement de contourner la jurisprudence *Eurolat Crédit Foncier de France* de 1985, de rendre possible la constitution de droits réels au profit d'occupants du domaine public, dans le cadre de baux emphytéotiques, afin, principalement de favoriser la construction d'équipements publics.
L'article L. 1311-2 du CGCT, objet, depuis plus de 30 ans qu'il existe, de très nombreuses modifications, destinées le plus souvent à étendre toujours plus son champ d'application[8], au risque de le rendre parfois illisible, n'avait de toute évidence pas été conçu pour des opérations concernant des monuments historiques, sans les exclure cependant, rendant ainsi possible l'utilisation du bail emphytéotique administratif

---

[7] Signalons en revanche que la question de l'appartenance ou non de la Halle au Blé au domaine public ne fut pas abordée par la Cour d'appel de Paris en 1957, ni par le Professeur Liet-Veaux dans son commentaire.
[8] Signalons notamment l'introduction d'un bail emphytéotique cultuel en 2006.

dans un contexte de conservation et de restauration d'un monument historique.
Cet usage possible a été renforcé en 2010. Le législateur est en effet de nouveau intervenu pour créer un nouveau type de bail emphytéotique administratif, au profit de l'État, le bail emphytéotique dit « valorisation », spécialement conçu lui, bien que cela n'apparaisse pas explicitement dans le texte de la loi, pour favoriser des opérations de valorisation de monuments historiques.
D'invisible, le bail emphytéotique administratif est donc devenu à partir de 1988 un contrat très en vue, occupant dans les ouvrages de droit administratif des biens une place conséquente (pas moins de 25 pages dans la 4e édition du *Droit administratif des biens* de notre collègue Norbert Foulquier)[9].
Mais, dans le souci de se conformer à des directives du 26 février 2014[10], par les ordonnances du 23 juillet 2015 et du 29 janvier 2016[11], désormais intégrées dans le code de la commande publique[12], les possibilités de recourir au bail emphytéotique administratif ont été visiblement réduites, sans que l'on puisse encore considérer de façon évidente qu'il a ainsi fait l'objet d'une résection sévère.
À partir de ces quelques éléments introductifs, nous allons nous pencher dans un premier temps sur les évolutions des conditions d'usage des baux emphytéotiques « classiques » de l'article L. 1311-2 (**I**), puis évoquer dans un second temps les évolutions et les résistances des usages des baux

[9] N. Foulquier, *Droit administratif des biens*, LexisNexis, 4e éd., 2018.

[10] Directive du 26 févr. 2014 sur la passation des marchés publics ; directive du 26 févr. 2014 relative à la passation de marchés par des entités opérant dans les secteurs de l'eau, de l'énergie, des transports et des services postaux.

[11] Ordonnance du 23 juill. 2015 relative aux marchés publics ; ordonnance du 29 janv. 2016 relative aux contrats de concession…

[12] Fruit de l'ordonnance n° 2018-1074 du 26 nov. 2018 portant partie législative du code de la commande publique et du décret n° 2018-1075 du 3 déc. 2018 portant partie réglementaire du code de la commande publique.

emphytéotiques particuliers que sont le bail emphytéotique *valorisation* et le bail emphytéotique cultuel (**II**).

I. Les évolutions des conditions d'usage des baux emphytéotiques « classiques » de l'article L. 1311-2

Elles apparaissent aux termes des différentes versions de l'article L. 1311-2 du CGCT. Des anciennes versions et de la version actuelle, épurée, il résulte qu'un bien immobilier appartenant à une collectivité territoriale a pu ou peut encore faire l'objet d'un bail emphytéotique administratif en vue de l'accomplissement d'une mission de service public, ou de la réalisation d'une opération d'intérêt général relevant de sa compétence (**A**), et en vue de la réalisation de certaines constructions et de certains travaux (**B**).

A. L'accomplissement d'une mission de service public ou la réalisation d'une opération d'intérêt général

Dès l'origine, en 1988, la conclusion d'un bail emphytéotique administratif est soumise à cette alternative.
L'article 13 II de la loi disposait que : « Un bien immobilier appartenant à une collectivité territoriale peut faire l'objet, en faveur d'une personne privée, d'un bail emphytéotique prévu à l'article L. 451-1 du code rural, en vue de l'accomplissement, pour le compte de la collectivité territoriale, d'une mission de service public ou en vue de la réalisation d'une opération d'intérêt général relevant de sa compétence ».
Ce n'est qu'à compter du 29 janvier 2016 que l'article L. 1311-2 modifié dispose de façon plus restrictive : « qu'un bien immobilier [...] peut faire l'objet d'un bail emphytéotique [...] en vue de la réalisation d'une opération d'intérêt général », et précise à l'alinéa 3 que : « un tel bail ne peut avoir pour objet [...] la gestion d'une mission de service public avec une contrepartie économique constituée par un prix ou un droit

d'exploitation, pour le compte ou pour les besoins [...] d'une autorité concédante soumise à l'ordonnance n° 2016-65 du 29 janvier 2016 relative aux contrats de concession ».
L'article L. 1311-2 issu de l'ordonnance du 26 novembre 2018 a simplement fait disparaître la référence à ces ordonnances, pour se référer au code de la commande publique.
Si intérêt général et service public entretiennent une relation intime, un service public au sens matériel du terme étant une activité d'intérêt général, toutes les activités ou les opérations d'intérêt général ne sont pas des services publics. La nouvelle rédaction laisse donc subsister, incontestablement, un domaine d'application étendu au bail emphytéotique administratif des collectivités territoriales, mais il le réduit cependant de façon significative.
S'agissant de l'application de ces conditions au domaine des monuments historiques, on peut tenter de mesurer les conséquences de cette évolution textuelle à partir de deux exemples concrets, d'une part celui du bail emphytéotique conclu en 2000 entre la Ville de Saint Malo et un particulier, portant sur le Fort du Petit Bé, fort construit au XVIIe siècle sous l'autorité de Vauban et Garengeau, classé au titre des monuments historiques depuis 1921, et d'autre part le bail emphytéotique conclu entre la Ville de Paris et la société Collection Pinault-Paris portant sur la Bourse de commerce (ancienne halle aux blés), inscrite à l'inventaire supplémentaire en 1975 et classée en 1986, qui accueillera prochainement un musée présentant une partie de la collection d'art contemporain de François Pinault.
Le premier bail a-t-il été conclu en vue de l'accomplissement d'une mission de service public ou en vue de la réalisation d'une opération d'intérêt général ? À la date de sa conclusion les deux possibilités étaient envisageables.
Le Conseil d'État, par sa jurisprudence relative au domaine public, a consacré l'existence d'un service public à caractère

culturel et touristique qui semble parfaitement correspondre aux exigences de l'article L. 1311-2 du CGCT[13].

La Ville de Saint Malo a donc pu en 2000, conclure avec un particulier un bail emphytéotique, par lequel elle lui confiait une mission de service public à caractère culturel et touristique comprenant une mission de restauration et d'entretien et une mission d'ouverture du monument au public, mission dont s'est d'ailleurs parfaitement acquitté le preneur.

La conclusion d'un tel contrat serait aujourd'hui plus délicate à envisager sur le fondement d'une telle mission de service public, puisqu'elle est désormais absente de l'alinéa 1er de l'article L. 1311-2.

Il convient cependant de nuancer, car si l'alinéa 3 de l'article L. 1311-2 indique bien qu'un tel bail ne peut avoir pour objet la gestion d'une mission de service public avec une contrepartie économique constituée par un droit d'exploitation, pour le compte d'une autorité concédante soumise à l'ordonnance du 29 janvier 2016 relative aux contrats de concession, il n'est peut-être pas absolument exclu qu'un preneur exerce une mission de service public dans d'autres conditions.

À cette nuance près, il vaudrait donc mieux que la mission confiée au preneur (emphytéote) s'analyse seulement en une opération d'intérêt général, ce qui reste parfaitement envisageable.

Dans le cas du bail entre la Ville de Paris et la société Collection Pinault-Paris, le contexte est quelque peu différent. Le musée qui ouvrira prochainement ses portes est destiné à présenter une collection privée. On se trouve davantage dans une logique d'opération d'intérêt général que dans une logique de service public. Par ailleurs, compte tenu de la date de la conclusion du bail (juillet 2016), il ne peut plus en principe

---

13 Nous faisons référence au fameux arrêt du Conseil d'État *Dauphin* : CE Ass. 11 mai 1959, *Dauphin*, *Rec.*, p. 294. La haute juridiction avait déduit l'appartenance de l'allée des Alyscamps au domaine public de son affectation à un service public de caractère culturel et touristique.

s'agir d'un bail emphytéotique ayant pour objet l'accomplissement pour le compte de la collectivité territoriale d'une mission de service public.
Le bail indique d'ailleurs en ce sens, explicitement, qu'il n'a pas pour objet de confier au preneur une délégation de service public.
Il a cependant pour objet l'exercice d'une activité muséale et de toute activité accessoire : espaces de restauration, activités événementielles et culturelles.
Il est encore souligné dans le contrat que le site aura une vocation éducative et pédagogique forte, tournée en particulier vers les publics habituellement éloignés de la fréquentation de l'art contemporain, à travers une programmation pluridisciplinaire croisant les arts plastiques, la musique, le théâtre, la littérature et le cinéma.

B. La réalisation de certains travaux ou constructions

Un bail emphytéotique conclu en vue d'une mission de service public ou d'une opération d'intérêt général impliquait et implique encore nécessairement la réalisation d'ouvrages ou de travaux, évidemment variables selon les cas. Il revenait et revient encore à chaque contrat d'en préciser les contours en fonction de la mission ou de l'opération.
Si la nouvelle rédaction de l'article L. 1311-2, apparue en 2015, indique que : « Un tel bail ne peut avoir pour objet l'exécution de travaux […] », il faut là aussi sans doute, tenir compte de la suite de l'article qui précise : « avec une contrepartie économique constituée par un prix, pour le compte ou pour les besoins d'un acheteur soumis à l'ordonnance n° 2015-899 du 23 juillet 2015 relative aux marchés publics »[14].

---

[14] L'article L. 1311-2 du CGCT issu de l'ordonnance du 26 nov. 2018 dispose désormais : « avec une contrepartie économique constituée par un prix ou un droit d'exploitation, pour le compte ou pour les besoins d'un acheteur ou d'une autorité concédante soumis au code de la commande publique ».

Cette rédaction semble laisser subsister la possibilité de travaux réalisés pour le compte du preneur, même si la question peut se poser de savoir où se trouve la frontière entre ce qui est réalisé pour le compte du preneur et pour le compte du bailleur dans un système où par définition les travaux réalisés profitent *in fine* au bailleur.
La possibilité pour le preneur de réaliser des travaux nous paraît aussi, et peut-être surtout, renforcée par le fait que la rémunération du preneur n'est pas assurée par un prix, le preneur n'étant tout simplement pas rémunéré pour les travaux réalisés pendant la durée du bail emphytéotique, sauf à considérer que le loyer (le canon), en règle générale modeste voire symbolique, ou sensiblement inférieur aux prix du marché, versé par l'emphytéote, s'analyse comme un prix.
C'est notamment le cas dans le bail emphytéotique administratif du Petit Bé, dont le preneur finance les travaux sans contrepartie d'un prix, engageant seulement ses fonds personnels.

S'agissant de la Bourse de commerce, nous disposons d'informations plus précises. Il apparaît en effet, à la lecture du bilan des conventions et autres titres d'occupation du domaine public de la Ville de Paris (année 2016, publié fin 2017), qu'aux termes du bail emphytéotique administratif conclu avec la société Collection Pinault - Paris, cette dernière assurera la restauration et l'aménagement du bâtiment et prendra en charge le financement de l'équipement pendant toute la durée du bail. Le montant prévisionnel des travaux envisagés a été contractualisé à un niveau de 108 millions d'euros.
Outre cet engagement sur un montant de travaux très significatif, la société versera à la Ville de Paris une redevance d'occupation du domaine (privé en l'occurrence, la Chambre de commerce et d'industrie de Région ayant procédé au déclassement de cet immeuble dont elle était propriétaire

avant son acquisition par la Ville de Paris) se décomposant comme suit :

- Une redevance initiale capitalisée de 15 millions d'euros HT, versée en deux annuités de 7,5 millions d'euros ;
- Une redevance annuelle fixe de 60 000 euros HT versée à compter de la 3e année du bail ;
- Une redevance annuelle additionnelle variable, égale à 5 % du chiffre d'affaires HT réalisé chaque année, au-delà d'un montant de 3,5 millions d'euros.

Le rapport indique encore que la redevance annuelle permettant l'équilibre de l'opération (c'est-à-dire l'équilibre entre l'achat de l'immeuble par la ville à la Chambre de commerce Paris Île de France, et la mise à disposition du preneur d'un bien immobilier de très haute valeur (11 000 mètres carrés), et les travaux réalisés par lui) est estimée à 180 000 euros. Elle devrait être atteinte dès lors que l'exploitation du musée dégagera un chiffre d'affaires de 5,9 millions d'euros, ce qui semble cohérent avec le caractère exceptionnel des collections et du bâtiment.

Après l'évocation de ce bail emphytéotique remarquable, qui correspond exactement à l'objet de notre colloque, j'hésite à évoquer des constructions et travaux qui nous en éloignent. Mais, vous ayant avertis, je franchis le Rubicon.

À partir de 2003, l'article L. 1311-2, une fois de plus modifié, comprend des dispositions concrétisant des opérations immobilières plus précises.

Les baux emphytéotiques administratifs peuvent être conclus pour des opérations liées aux besoins de la justice, de la police ou de la gendarmerie nationales ainsi que d'un établissement public de santé et ce jusqu'en 2007.

En 2005 furent ajoutées à cette liste les opérations liées aux besoins d'un centre d'incendie et de secours et ce jusqu'en 2010.

En 2006, l'article L. 1311-2 s'enrichit du bail emphytéotique cultuel (je vais y revenir plus loin).

À partir de 2009 est intégrée dans la liste la réalisation d'enceintes sportives et des équipements connexes nécessaires à leur implantation.

En 2011, le calendrier de ces opérations est reporté à 2013.

Dans sa rédaction en vigueur en 2014, il est encore question, jusqu'au 31 décembre 2017 d'une opération liée aux besoins de la justice, de la police ou de la gendarmerie nationales, ou jusqu'au 31 décembre 2017 liée aux besoins d'un service départemental d'incendie et de secours.

Dans sa rédaction entrée en vigueur le 1er avril 2016, l'article L. 1311-2 ne fait plus référence à ces opérations liées aux besoins de la justice, de la police ou de la gendarmerie.

C'est désormais l'article L. 1311-4-1 (placé dans la section 1 relative au bail emphytéotique administratif) qui évoque, jusqu'au 31 décembre 2020, la possibilité pour les collectivités territoriales et les établissements publics de coopération intercommunale de construire, y compris sur les dépendances de leur domaine public, acquérir ou rénover des bâtiments destinés à être mis à disposition de l'État pour les besoins de la justice, de la police ou de la gendarmerie nationales.

Pour les conseils départementaux, les mêmes possibilités sont reconnues aux conseils de département pour des bâtiments destinés à être mis à disposition des centres d'incendie et de secours.

La présence de cet article dans une section 1 intitulée *Bail emphytéotique* laisse bien sûr à penser qu'il existe toujours entre ces opérations de construction ou de rénovation et le bail emphytéotique une relation, mais il faut bien admettre que la rédaction de cet article ne clarifie pas vraiment, c'est le moins que l'on puisse dire, la relation entre le bail emphytéotique et ces opérations, surtout au regard des dispositions de l'article L. 1311-2, ainsi qu'avec les autres contrats évoqués dans ce même article, à savoir les contrats de crédit-bail et les contrats de partenariat.

Ces quelques rappels des différentes versions de l'article L. 1311-2 et de la création de l'article L. 1311-4-1, suffisent à souligner que la relation entre bail emphytéotique et monument historique n'avait originellement rien d'évident, s'agissant particulièrement de la réalisation d'ouvrages et de travaux. Ce constat est particulièrement avéré pour les travaux relatifs aux bâtiments pour les besoins de la justice, de la police ou de la gendarmerie, même si l'on peut envisager des acquisitions et des rénovations portant sur des palais de justice ou des casernes protégés au titre des monuments historiques[15].

C'est bien davantage par le biais d'une mission de service public ou d'une opération d'intérêt général que la relation avec les monuments historiques a pu se nouer, comme pour le Fort du Petit Bé ou la Bourse de commerce.

Soulignons pour achever cette première partie, que l'extrême variabilité de la rédaction de l'article L. 1311-2 du CGCT a pour conséquence qu'en fonction de sa date de conclusion, un bail emphytéotique a pu, peut ou ne pourra pas être conclu en fonction de l'évolution de l'objet de ce contrat[16].

II. Les évolutions et les résistances des usages de certains baux emphytéotiques plus spécifiques

Sous cette formulation un peu mystérieuse, seront évoqués d'une part le bail emphytéotique *valorisation*, initialement dédié aux monuments historiques (**A**), et d'autre part le bail emphytéotique cultuel (**B**).

---

[15] Signalons que l'ancien palais de justice de Caen, dit Palais Fontette, objet d'une protection au titre des monuments historiques, pourrait faire l'objet d'une rénovation dans le cadre d'un bail emphytéotique, même s'il n'est plus affecté aux besoins de la justice et ne serait donc pas conclu dans le cadre de l'article L. 1311-4-1 du CGCT.

[16] Pour un exemple de bail emphytéotique considéré comme n'entrant pas dans les prévisions de l'article L. 1311-2 dans sa rédaction antérieure à la loi du 14 mars 2011 : CE, 19 nov. 2013, *Sté nationale immobilière*, req. n° 352488, *Rec.*, p. 281, concl. E. Cortot-Boucher ; *AJDA* 2014, p. 285, note G. Clamour.

A. Le bail emphytéotique *valorisation*, un bail spécialement dédié aux monuments historiques ?

Inventé par le législateur en 2010, il était notamment destiné à rendre possible une opération de restauration/valorisation de grande ampleur portant sur l'Hôtel de la Marine.

Dans sa version initiale issue de la loi du 23 juillet 2010, l'article L.2341-1 du code général de la propriété des personnes publiques (CGPPP) disposait que : « Un bien immobilier appartenant à l'État ou à un établissement public mentionné au 11e alinéa de l'article L. 710-1 du code de commerce [c'est-à-dire une chambre de commerce et d'industrie], au premier alinéa de l'article 5-1 du code de l'artisanat [une chambre des métiers et de l'artisanat] ou à l'article L. 510-1 du code rural et de la pêche maritime [une chambre d'agriculture], peut faire l'objet d'un bail emphytéotique prévu à l'article L. 451-1 du même code, en vue de sa restauration, de sa réparation ou de sa mise en valeur. Ce bail est dénommé bail emphytéotique administratif ».

Pourtant, l'opération de valorisation de l'Hôtel de la Marine, que cet article devait faciliter, ne s'est jamais opérée dans le cadre d'un tel bail. Les polémiques qui ont accompagné ce projet de bail emphytéotique, ont eu raison du « bail emphytéotique Hôtel de la Marine ». L'opération de valorisation de ce remarquable monument historique, actuellement en cours, s'est finalement opérée dans un autre cadre juridique, sous l'égide du Centre des monuments nationaux.

À partir du 1er avril 2016, conséquence des ordonnances du 23 juillet 2015 et du 29 janvier 2016, ce bail emphytéotique administratif étatique, a été lui aussi limité par les dispositions suivantes : « Il ne peut avoir pour objet l'exécution de travaux, la livraison de fournitures, la prestation de services, ou la gestion d'une mission de service public, avec une contrepartie économique constituée par un prix ou un droit d'exploitation,

pour le compte ou pour les besoins d'un acheteur soumis à l'ordonnance du 23 juillet 2015 relative aux marchés publics ou d'une autorité concédante soumise à l'ordonnance du 29 janvier 2016 relative aux contrats de concession ».
On peut dès lors se demander si le bail emphytéotique *valorisation* a encore un contenu possible.
Il semble bien que oui, mais à la condition qu'il n'y ait pas de « contrepartie économique constituée par un prix ou un droit d'exploitation, pour le compte ou pour les besoins d'un acheteur soumis à l'ordonnance de 2015 ou d'une autorité concédante soumise à l'ordonnance de 2016 ».
Il appartiendra au juge de préciser le sens de ces dispositions dont dépend le devenir du bail emphytéotique *valorisation* étatique.
Signalons que ce bail emphytéotique *valorisation*, initialement étatique, a été étendu au profit des collectivités territoriales en 2011, l'article L. 1311-2 prévoyant à partir de cette date que les collectivités territoriales peuvent conclure des baux emphytéotiques administratifs pour la restauration, la réparation, l'entretien maintenance ou la mise en valeur d'un bien.
Il ne pouvait cependant être utilisé au profit des lieux de culte.
Mais ce bail emphytéotique local a été clairement remis en cause depuis 2015. L'article L. 1311-2 n'en fait désormais plus mention. Seul l'État conserve donc la possibilité de recourir à un tel bail.
Même si l'État n'a pas pu l'utiliser pour l'opération concernant l'Hôtel de la Marine, l'outil du bail emphytéotique *valorisation* subsiste donc avec des restrictions qui rendent difficiles la possibilité d'en dessiner les contours précis. Il subsiste aussi dans sa forme ancienne pour les baux conclus avant le 1er avril 2016, plus précisément les baux conclus entre 2010 et 2016.

B. Le bail emphytéotique cultuel

Le lien entre le bail emphytéotique cultuel et les monuments historiques tient au fait que le bail emphytéotique en raison de sa durée, constitue une sorte d'incubateur à monuments historiques.

Il faut tout d'abord rappeler que le bail emphytéotique a été utilisé bien avant sa consécration légale de 1988 et 2006, pour favoriser la construction de nouveaux lieux de culte, après la loi de séparation des églises et de l'État de 1905.

C'est à la fin des années 1920, 1928 précisément, que la Ville de Paris et des communes de la petite couronne parisienne ont commencé à conclure, sur des terrains leur appartenant, laissés nus par la destruction des fortifications de Thiers, des baux emphytéotiques, avec des associations cultuelles, à charge pour ces associations de construire et entretenir un lieu de culte.

L'association cultuelle, « Les chantiers du Cardinal », le Cardinal en question étant le Cardinal Verdier, à l'origine de la création de cette association cultuelle aujourd'hui encore très active, a été la principale bénéficiaire de ces baux emphytéotiques.

Selon les chiffres cités par le rapport Machelon, « les relations des cultes avec les pouvoirs publics » (2006), repris du rapport du Conseil d'État, *Un siècle de laïcité*, sur les 1800 églises paroissiales édifiées après 1905 en Île de France, 450 ont été édifiées dans le cadre d'un bail emphytéotique[17].

Ce n'est qu'à partir de 2006 que l'article L. 1311-2 a précisé qu'un bien immobilier appartenant à une collectivité territoriale pouvait faire l'objet d'un bail emphytéotique « en vue de l'affectation à une association cultuelle d'un édifice du culte ouvert au public ».

---

[17] Rapport annuel du Conseil d'État, *Un siècle de laïcité*, 2004, p. 390 ; Rapport Jean-Pierre Machelon, *Les relations des cultes avec les pouvoirs publics*, La documentation française 2006, p. 25.

Le Conseil d'État saisi d'un recours concernant le bail emphytéotique conclu au profit d'une association cultuelle musulmane pour la construction de la mosquée de Montreuil a, dans un arrêt de 2011, précisé que la disposition de l'article L. 1311-2 du CGCT devait s'entendre comme une dérogation à la loi de 1905 apparue dès 1988, la rédaction de 2006 n'ayant fait qu'expliciter une possibilité implicite dans la rédaction de 1988[18].

À partir de ces rappels, il convient de souligner que le temps long du bail emphytéotique, rejoignant le temps long du monument historique, certaines des églises construites par les chantiers du Cardinal sont devenues des monuments historiques.
C'est notamment le cas de l'église Sainte Odile dans le 17e arrondissement.
Œuvre de l'architecte Jacques Barges, elle a été construite à partir de 1935, dans le cadre d'un bail emphytéotique qui expirera le 1er janvier 2034. En 2001, elle a fait l'objet d'une protection au titre des monuments historiques, plus précisément d'une inscription au titre des monuments historiques.
C'est dire qu'à la fin du bail, la Ville de Paris deviendra propriétaire de cette église, devenue par ailleurs monument historique. Ce retour en pleine propriété aux communes concernera aussi de nombreuses communes sur le territoire desquels ont été édifiées les 450 églises paroissiales précitées.
Ce sera aussi le cas, dans un avenir plus lointain, de certains lieux de culte d'autres confessions, mosquées, pagodes, construits dans le cadre des nouveaux baux emphytéotiques cultuels consacrés par l'article L. 1311-2 du CGCT.
Ajoutons encore que la rédaction de l'article L. 1311-2 du CGCT rend aussi possible la conclusion d'un bail ne portant pas seulement sur un terrain nu, mais sur un immeuble bâti,

---

[18] CE, 19 juill. 2011, *Mme A c/ Commune de Montreuil*, req. n° 320796.

qu'une association cultuelle serait amenée à aménager pour les besoins de son culte et qu'un tel immeuble pourrait avoir la qualité de monument historique au moment de la conclusion du contrat. On peut notamment penser à la conclusion de baux portant sur des églises classées ou inscrites, ayant fait l'objet d'une désaffectation cultuelle en bonne et due forme[19], mais faisant l'objet d'un bail emphytéotique au profit d'une autre association cultuelle.

Pour conclure, il n'est pas douteux qu'en dépit des évolutions légales récentes limitant l'usage du bail emphytéotique administratif, on parlera encore longtemps de ces baux, puisque les baux non cultuels conclus sous l'empire de la législation antérieure ont vocation à ne prendre fin qu'en 2115, qu'il reste possible de conclure des baux emphytéotiques administratifs, malgré les restrictions évoquées, et que les baux emphytéotiques cultuels perdurent, sans restriction particulière, sinon celle récemment posée par le Conseil d'État relative à la nécessité de les conclure avec des associations cultuelles de la loi de 1905[20].

---

[19] C'est-à-dire dans le respect du décret n° 70-220 du 17 mars 1970 portant déconcentration en matière de désaffectation des édifices cultuels, *JORF*, p. 2606.

[20] CE, 10 févr. 2017, *Ville de Paris et Sté des Habous et des lieux saints de l'Islam*, n° 395433, *Rec.*, p. 39 ; *AJDA* 2017, p. 684, concl. O. Henrard ; *JCP A* 2017, 2114, note H. Pauliat.

Témoignage[1]

Marie-Laure ATGER
Administratrice de l'Établissement public de coopération culturel Château de La Roche-Guyon (Preneur)

Je vous remercie beaucoup de m'avoir invitée pour ce colloque sur le bail emphytéotique. Je remercie également le Musée de la Chasse et de la Nature avec lequel l'établissement public de coopération culturel (EPCC) du Château de la Roche-Guyon entretient des relations d'amitié. On y avait tenu en 2017 une soirée pour la publication du trentième ouvrage de la collection de la *bibliothèque fantôme* qui est une collection du château.

I. L'élaboration du bail emphytéotique de la Roche-Guyon

Nous sommes dans une situation de bail emphytéotique entre le privé et le public puisque le propriétaire du Château de la Roche-Guyon est un propriétaire privé et que l'emphytéote est l'établissement public de coopération culturelle du Château de la Roche-Guyon. Mais cela n'a pas toujours été le cas, car ce bail, datant de 1990, a déjà connu une certaine vie, puisqu'il a été conclu à l'époque entre le père du propriétaire actuel et une association pour la sauvegarde du château. Les deux parties prenantes au bail ont changé entre temps, d'abord parce que le père du propriétaire actuel lui avait cédé le château de son vivant, et puis par ailleurs parce que l'association pour la sauvegarde du château a été dissoute et a transmis son activité à cet établissement public de coopération culturelle. La loi instituant ce type d'établissement est une loi

[1] La forme orale du témoignage a été conservée.

de janvier 2002, et l'établissement public de la Roche-Guyon a été créé par arrêté préfectoral du 19 décembre 2003, soit relativement rapidement à la suite de la loi.
On a donc, en 2004, un avenant au bail emphytéotique pour clarifier la situation du propriétaire et de l'emphytéote.

II. Les relations entre l'emphytéote et le propriétaire du monument

On s'est rendu compte assez récemment qu'on avait possiblement un problème juridique car le propriétaire du château était membre de droit du conseil d'administration de l'EPCC et il pouvait par ailleurs nommer une autre personnalité qualifiée. En l'occurrence, il avait nommé son épouse qui avait des compétences en matière d'architecture. Sauf qu'être à la fois le bailleur et partie prenante à l'emphytéote en étant membre du conseil d'administration de l'établissement était source de complications. Une modification des statuts de l'établissement s'est donc opérée en décembre 2016 et a consisté à modifier la composition du conseil d'administration : le propriétaire et la personnalité qualifiée qu'il avait nommée ne pouvaient plus en être membres.
C'est ainsi que sont articulées les choses entre le bail d'un côté et les statuts de l'établissement d'autre part.
Pour contrebalancer cette décision, on a intégré dans les statuts de l'établissement un comité de suivi du bail emphytéotique. Celui-ci nous oblige à réunir ce comité deux fois par an et à tenir ainsi les propriétaires informés principalement des travaux qui sont menés mais aussi de l'activité du château, des occupations légales ou illégales du domaine… L'établissement public aujourd'hui est maître d'ouvrage de l'ensemble des travaux, mais on a institué ce comité car on a estimé que pour entretenir de bonnes relations de confiance avec le propriétaire, il fallait continuer à l'informer régulièrement sur les projets que nous menions.

On a réuni ce comité assez récemment, et le sujet de l'adaptation à l'accueil des personnes en situation de handicap a notamment été abordé. Je ne sais pas si certains d'entre vous connaissent le Château de la Roche-Guyon mais il y a une quantité de marches assez incroyable et cela pose évidemment de gros problèmes d'accessibilité : se pose donc la question de savoir où on pourrait installer des ascenseurs. Cette décision a un impact quand même assez fort sur le monument.

III. La valorisation du monument

Le bail a complètement permis la valorisation du site. En effet, le bail a été signé en 1990, le château a été ouvert rapidement au public en 1994, et aujourd'hui le château est ouvert dix mois par an, sept jours sur sept, donc on est sur une ouverture maximale au public. Cette valorisation est permise parce que le monument est géré par un établissement public, qui gère un service public de la culture et cette question de l'ouverture est importante. De plus, les missions de l'établissement sont la conservation du monument (qui est une obligation confirmée par le bail), l'animation, l'enrichissement de la connaissance scientifique sur le château et sur son territoire. Le château est situé à peu près à 70 km de Paris à l'ouest, sur la 4e boucle de la Seine, entre Mantes-la-Jolie et Giverny (on est à 10 km de Giverny, haut lieu touristique s'il en est). Ainsi, l'ouverture au public est effective et les missions de service public de la culture sont aussi remplies très largement.
Cette valorisation est également permise parce que des travaux sont possibles et là je crois que le bail nous a beaucoup aidés. En effet, quand des travaux sont à mener sur un monument de ce type, ce sont assez souvent des montants très importants. Par exemple, pour des travaux à faire sur le donjon, qui est un tout petit chantier, on en a eu pour 70 000 euros. Autre exemple, en 2010, on a fait de très gros travaux sur le corps central du château, on a eu pour plus de 2 millions d'euros. Il y a beaucoup de projets de travaux sur le château :

il y a actuellement les travaux de conservation préventive du théâtre qui aboutiront dans plusieurs années à sa restauration ; un autre chantier va commencer en 2019 sur des travaux d'étanchéité de la terrasse des chapelles. Même si on n'est pas dans le cadre d'un bail cultuel, il y a trois chapelles au château qui sont encore consacrées, mais qu'on n'utilise plus à ce titre. En ce qui concerne les chantiers, je distingue d'une part les travaux sanitaires – lorsqu'il y a un problème d'étanchéité, il faut vraiment réaliser les travaux – et d'autre part les travaux de développement. On peut donner quatre exemples. On va profiter de notre chantier sur l'étanchéité de la terrasse des chapelles pour rouvrir au public un réservoir creusé dans la falaise ; il n'y avait pas d'urgence à le faire, mais c'est un choix de développement. Pareil pour le théâtre, aujourd'hui à l'état de ruine, cela aurait été dommage de le laisser disparaître complètement mais sa restauration n'est pas une nécessité absolue pour la vie actuelle de l'établissement. Ce serait néanmoins un potentiel de développement de l'attractivité du château. Le jardin anglais du château, créé au XVIIIe siècle et sur lequel la nature a un peu repris ses droits, mérite aussi un plan de gestion de long terme pour pouvoir le rouvrir au public de manière libre. Et enfin le dernier pôle, c'est le pôle des communs du château, qui serait vraiment un projet de développement car on souhaite y mettre des espaces d'accueil de séminaires, en plus de ce qu'on a actuellement. Pour ce dernier projet, la difficulté est que ce ne sont pas des travaux qui relèvent des monuments historiques et qui, de ce fait, ne bénéficient pas des mêmes financements.
Le bail et le fait que le château soit géré par un établissement public nous ont permis d'obtenir des financements relativement facilement des collectivités publiques et de l'État pour mener les travaux. Je pense que si les propriétaires avaient fait des demandes de financement pour la restauration du château, ils n'auraient pas du tout été soutenus de la même manière. Nous avons la chance que l'État, par le biais de la DRAC, la région et le département, qui est le financeur

principal du fonctionnement de l'établissement, nous suivent assez bien, en fonction de leurs moyens. Ils ont un attachement fort au château et ont très envie d'y faire les travaux nécessaires.

IV. L'objectif de transmission

Vous aviez évoqué aussi la question de la transmission à un héritier, je pense que cette conception de la famille a été centrale. La signature du bail a fait suite à une longue indivision extrêmement complexe et le château est finalement resté dans la famille, il y avait vraiment cette volonté que les générations futures puissent y rester. On a un bail de 99 ans, qui court jusqu'en 2089, donc je pense que ce seront plutôt les petits-enfants du propriétaire actuel qui récupéreront le château.
La famille est extrêmement attachée au château, preuve étant que ses membres ont exclu du bail certains espaces du château qu'ils conservent à un usage privatif, ce qui donne une cohabitation aujourd'hui harmonieuse et tout à fait cordiale. Mais cela n'a pas toujours été tout à fait le cas, car je pense que, pour la famille, cela a été aussi difficile de concéder son monument. Ils occupent un appartement dans le château qui est au premier étage, on a vraiment une cohabitation car ils traversent des espaces de visite pour rentrer chez eux ce qui est assez amusant parfois.
Je pense vous avoir dit l'essentiel des caractéristiques de ce bail et de la façon dont la cohabitation se passe et comment le bail a permis que ce monument historique soit pleinement porté à la connaissance du grand public. La loi précise que les établissements publics de coopération culturelle doivent être créés pour un objet qui recouvre des préoccupations à caractère national. Je trouve que le fait que l'État soit membre de l'établissement souligne aussi l'importance historique de ce château dont la vocation initiale au Moyen Âge était de surveiller la frontière entre l'Île-de-France et la Normandie.

II
La rédaction du contrat

Les baux emphytéotiques des personnes publiques, une longue histoire[1]

Yves GAUDEMET
Professeur émérite en Droit public
Université Paris Panthéon-Assas

Au moment d'apporter ma contribution à l'ouvrage de Mélanges qui honore si justement notre ami le Doyen Jean Pierre Machelon, j'ai en mémoire les travaux de la Commission sur les relations des cultes avec les pouvoirs publics dont il a si savamment et efficacement dirigé les travaux[2]. C'est là, en effet, qu'est née l'idée d'un bail emphytéotique administratif cultuel qui a trouvé sa place, logiquement, à l'article 3-VII-3° de l'ordonnance du 21 avril 2006 à laquelle est joint le code général de la propriété des personnes publiques, par une disposition qui complète en ce sens l'article L 1311-2 du code général des collectivités territoriales.

Ceci invite, ne serait-ce que parce que cet ajout n'a pas toujours été bien compris, à lui donner la place – utile mais non exclusive - qu'il peut occuper dans la longue chaîne des baux emphytéotiques consentis, depuis toujours pourrait-on dire, par les personnes publiques, notamment pour la réalisation d'édifices cultuels. On ne peut le faire sans rendre hommage aussi à la belle étude que notre collègue Jean-Jacques Bienvenu a récemment donnée aux Mélanges en

---

[1] NDLR : Le comité scientifique remercie LexisNexis pour son aimable autorisation de reproduction de cet article précédemment publié dans les *Mélanges Jean-Pierre Machelon* en 2015, ainsi que le Professeur Gaudemet pour son apport aux actes du colloque.

[2] Publié à la Documentation Française, sept. 2006.

l'honneur de Laurent Richer sous le titre « L'esprit et les formes sur le bail emphytéotique »[3].

I. Ancienneté et pérennité de la pratique des baux emphytéotiques par les personnes publiques

Dans le droit écrit moderne, le bail emphytéotique n'est apparu qu'avec la loi du 25 juin 1902 pour être ensuite incorporé dans le code rural, lui-même devenu par la suite code rural et de la pêche maritime. Mais l'origine du bail emphytéotique, comme catégorie juridique, est beaucoup plus ancienne. Elle remonte au moins au Bas-Empire romain ; comme le rappellent de bons auteurs, « les propriétaires de grands domaines eurent recours à des locations de longue durée, voire perpétuelles afin d'être débarrassés de leurs terres improductives et de la charge de l'impôt foncier qui les grevait. En compensation le preneur, qui ne payait qu'une redevance minime, s'engageait à améliorer, à complanter le fond »[4] ; d'où le nom d'emphytéose, du grec *emphiteusis* : action de planter ; et, plus proche de ce que Jean-Jacques Bienvenu désigne dans l'article précité comme « le passé insondable du droit romain », l'Ancien droit accueillit une large pratique de l'emphytéose même si « dénaturée et absorbée par le droit féodal »[5] ; on considéra ordinairement l'emphytéote, titulaire d'une location de longue durée, 99 ans ou plus dans certains cas, comme le véritable propriétaire, maître du domaine éminent, investi de toutes les prérogatives et charges du propriétaire, moyennant une redevance de faible montant ou canon ; la formule est utilisée également en dehors des terrains agricoles. La Révolution ne remit pas en cause l'emphytéose mais lui apporta un certain nombre de restrictions, fidèle notamment à sa condamnation des engagements perpétuels,

---

[3] *Mélanges en l'honneur de Laurent Richer*, LGDJ 2013, p. 493.

[4] F. Terré et Ph. Simler, *Droit civil ; les biens*, Dalloz, coll. Précis, 2014, n° 928.

[5] *Id. loc.*

en en faisant un droit nécessairement temporaire ne pouvant être consenti pour une durée supérieure à 99 ans.

A. Le code civil ne mentionnant pas l'emphytéose, la question de son maintien et de la possibilité d'y recourir conventionnellement fut posée dès la première moitié du XIXᵉ siècle. Le silence du code, combiné avec une approche généralement limitative des catégories de droits réels consacrées par lui, a souvent conduit les auteurs, à l'époque, à considérer que l'emphytéose n'était plus possible que sous la forme d'un droit de créance de nature mobilière ; ainsi pour Demolombe, « nous concluons que l'article 543 est limitatif et qu'en conséquence les droits que les parties peuvent établir sur les biens doivent nécessairement toujours pouvoir être ramenés à une de ces trois classes : soit à un droit de propriété, soit à un droit de jouissance, c'est-à-dire d'usufruit, d'usage ou d'habitation, soit enfin à des services fonciers. C'est dans ce cercle que la liberté des conventions et des dispositions doit se mouvoir. Au-delà il n'y a plus que des droits personnels, comme par exemple, le droit résultant du bail » [6].
Telle n'a pas été cependant la position de la Cour de cassation qui, dans un arrêt *Coquelard* de 1834, établit que ni les articles 544, 546 et 552 du code civil, ni aucune autre loi « n'excluent les diverses modifications et décompositions dont le droit ordinaire de propriété est susceptible »[7]. La jurisprudence a ainsi consacré la permanence de l'emphytéose, tout au long du XIXᵉ siècle, comme un contrat conférant un droit réel immobilier portant sur la chose d'autrui ; les arrêts visent même en ce sens l'article 543 du code civil qui, au chapitre consacré aux « biens dans leurs rapports avec ceux qui les possèdent », dispose : « on peut avoir sur les biens, ou un droit

---

[6] Ch. Demolombe, *Cours de code Napoléon*, t. IX, 1861, n° 519, cité par Ph. Malaurie et L. Aynès, *Les biens*, *Defrénois*, 2013, n° 358.
[7] Cass req., 13 févr. 1834, *D.* 1834, 1, p. 218. V. aussi, F. Terré et Y. Lequette, *Les grands arrêts de la jurisprudence civile*, Dalloz, 2008, n° 60, t. 2, p. 311.

de propriété ou un simple droit de jouissance ou seulement des services » ; ils y voient, au contraire de Demolombe, la possibilité consacrée de convenir librement sur des droits réels[8].

Le bail emphytéotique, défini comme le contrat caractérisé par sa longue durée (18 à 99 ans), la modicité de la redevance ou canon emphytéotique, portant sur un immeuble corporel (ordinairement mais non nécessairement rural) et conférant au preneur un droit réel sur l'immeuble[9], a donc été régulièrement pratiqué durant tout le XIXe siècle et notamment par les personnes publiques sur leurs différentes catégories de biens, avec les effets de droit que les parties lui donnent librement[10].
Et si la loi du 25 juin 1902 qui consacre le bail emphytéotique pour en faire un contrat nommé et réglementé est inscrite ultérieurement dans le code rural adopté en 1890 et devenu le code rural et de la pêche maritime par l'ordonnance du 6 mai 2010, elle n'en limite nullement dans sa lettre le champ aux seuls immeubles ruraux mais renvoie au contraire à différents titres aux dispositions du code civil[11]. Les articles L 451-1 et suivants, constituant le Titre V de ce code intitulé *Bail emphytéotique*, visent généralement la catégorie indifférenciée des « biens immeubles » donnés à bail emphytéotique, avec tous les effets de celui-ci ; on y trouve même – depuis la loi du 24 mars 2014, article 113 – des dispositions explicites relatives aux contrats de bail conclus par un emphytéote avec des titulaires de baux à usage d'habitation. Et, dès l'origine, ce qui est aujourd'hui l'article L 451-3 al. 2 du code rural donne un caractère supplétif au régime du bail emphytéotique tel que

8 V. par ex., Cass. civ., 24 août 1857, *DP* 1857, 1, p. 326 ; 26 janv. 1864, *DP* 1864, 1, p. 83 ; et F. Terré et Ph. Simler, *op. cit.,* n° 929.
9 V. la définition du *Vocabulaire juridique H. Capitant*, *v°* « Emphytéose ».
10 V. *infra* II.
11 V. par ex., en matière de preuve, art. L. 451-3 du code rural et de la pêche maritime.

régi par ce code, réservant expressément la possibilité de conventions contraires : « à défaut de conventions contraires, [le bail emphytéotique] est régi par les dispositions suivantes ». Par la suite, la loi du 16 décembre 1967 a créé sur le même modèle le bail à construction : droit réel du preneur, durée de 18 à 99 ans, modicité du canon ; avec cette particularité que le preneur est, essentiellement, tenu à une obligation de construire[12] ; le recours à cette forme de bail emphytéotique était encouragé par des avantages fiscaux visant à favoriser la construction d'immeubles urbains ainsi allégée du coût du foncier[13]. Puis la loi du 31 mai 1990 a créé, toujours sur ce modèle, le bail à réhabilitation pour favoriser la réalisation de logements sociaux par les organismes du type HLM sur des immeubles appartenant à des personnes privées[14].

B. Venons-en aux personnes publiques. La pratique des baux emphytéotiques est constante et ancienne. Jean Jacques Bienvenu, dans son article déjà cité, rappelle que « la réintroduction du bail emphytéotique dans le paysage juridique doit beaucoup à la loi du 21 juin 1826 qui "concédait avec publicité et concurrence", à titre d'emphytéose, des terrains situés à Paris dans le quartier des Pyramides afin, notamment, de construire et d'ouvrir les rues les desservant »[15]. L'engouement pour cette formule de réalisation d'équipements publics s'étendit aux premières concessions de chemin de fer ; et le même auteur de relever après Dareste que celles, parmi ces concessions, qui consentaient un droit réel sur la voie ferrée étaient copiées sur le bail emphytéotique[16]. La jurisprudence donne également un

---

[12] Cass. civ. 3e, 11 juin 1986, *Bull. civ* III, n° 93.

[13] V. les articles L. 251-1 et suivants du code de la construction de l'habitation.

[14] Actuellement les articles L. 252-1 et suivants du code de la construction de l'habitation.

[15] J.-B. Duvergier, *Collection complète des lois, décrets, ordonnances, décrets et avis du Conseil d'État*, 1834, t. 26, p. 178.

[16] R. Dareste, *La justice administrative en France,* 1862, p. 250.

certain nombre d'exemples de baux emphytéotiques consentis par les municipalités pour des opérations diverses[17], et notamment par la Ville de Paris[18]. Et l'on sait que des programmes importants de réalisation de nouveaux édifices cultuels reposent, notamment dans les années 1950, sur le mécanisme de baux emphytéotiques consentis par des personnes publiques sur des terrains non affectés. L'étude du Conseil d'État intitulée « cent ans de laïcité » rappelle que, sur 1.800 églises paroissiales d'Île-de-France construites après 1905, 450 l'ont été par voie de bail emphytéotique ; le procédé est utilisé également pour les édifices des cultes protestant, israélite ou musulman[19].
Encore récemment, la jurisprudence a reconnu l'existence d'un bail emphytéotique expressément qualifié tel, conclu par une personne publique avant la loi du 5 janvier 1988 créant le bail emphytéotique administratif : « qu'ainsi ce contrat, conclu pour une longue durée, confère à EDF un droit réel immobilier, lequel ne peut être remis en cause par le bailleur ; que, par suite, et alors même qu'EDF dispose du pouvoir de le résilier de manière unilatérale, le contrat peut être qualifié de bail emphytéotique »[20].

L'emphytéose est également pratiquée par les droits étrangers. Deux exemples seulement : la Ville de Louvain-la-Neuve en Belgique dont le foncier est loué à bail emphytéotique à l'Université catholique de Louvain – heureuse université belge – et le palais Farnèse à Rome que l'Italie a racheté à la France en 1936 pour le lui louer immédiatement sous forme d'un bail

---

17 Par ex. pour la construction de halles (CA Paris, 3 févr. 1836, *S.* 1836, 2, p. 147) et les références données par l'article déjà cité de J.-J. Bienvenu.

18 Par ex. pour différentes utilisations sur la zone des anciennes fortifications de Paris ou encore, en 1964, pour la réalisation du Musée de la Chasse et de la Nature, rue des Archives.

19 Rapport public pour 2003, p. 390.

20 TA Cergy-Pontoise, 18 mars 2014, *Sté ERDF c/ M. Mme Molina, RFDA* 2014, p. 711, concl, S. Merenne ; et auparavant TC 17 nov. 1975, *Leclert, Rec. Lebon*, p. 799.

de 99 ans avec un loyer d'une lire porté – Europe oblige – à 1 €.

Quant à la loi du 5 janvier 1988 dite « d'amélioration de la décentralisation », reprise aujourd'hui aux articles L 1311-2 et L 1311-3 du code général des collectivités territoriales, elle ne crée pas – contrairement à une présentation trop fréquente – ce que l'on appelle aujourd'hui le bail emphytéotique administratif (BEA). Elle se borne à étendre la solution du bail emphytéotique – toujours par renvoi à l'article L. 451-1 du code rural et de la pêche maritime – du domaine privé des collectivités publiques où elle était déjà largement pratiquée aux dépendances du domaine public ; extension que la jurisprudence administrative ne permettait pas au nom d'une interprétation – trop ? – stricte du principe d'inaliénabilité du domaine public[21]. La rédaction même de l'article L. 1311-2 al. 2 du code général des collectivités territoriales, repris de la loi de 1988, est significative : « un tel bail peut être conclu même si le bien sur lequel il porte, en raison notamment de l'affectation du bien résultant soit du bail ou d'une convention non détachable de ce bail, soit des conditions de la gestion du bien ou du contrôle par la personne publique de cette gestion, constitue une dépendance du domaine public… ».

Le bail emphytéotique est donc, dès avant la loi de 1988 et indépendamment de celle-ci, librement ouvert aux collectivités locales et plus largement aux personnes privées sur les dépendances de leur domaine privé ; il constitue ainsi une variété particulière de la catégorie générique des baux emphytéotiques.

D'autres formes de bail emphytéotique ont suivi sur le modèle du BEA, spécialement réglementées par la loi. C'est ainsi que la possibilité d'un bail emphytéotique administratif a été étendue par l'ordonnance du 21 avril 2006 à la réalisation d'édifices du culte sur le domaine public, mais uniquement

---

[21] CE 6 mai 1986, *Association Eurolat*, *RFDA* 1986, p. 21, concl. B. Genevois.

pour les baux conclus avec des associations cultuelles ; si la formule « renforce la sécurité juridique de l'opération par référence à un modèle connu »[22] et en permet la pratique sur le domaine public, elle doit se comprendre sans préjudice de la formule des baux emphytéotiques conclus de longue date pour des édifices cultuels sur des dépendances du domaine privé. L'ordonnance du 4 septembre 2004 a également ouvert à tous les établissements publics de santé la constitution de baux emphytéotiques administratifs dits BEA Santé, avec une réglementation un peu différente. On mentionnera encore les baux emphytéotiques dits de valorisation institués par la loi du 23 juillet 2010, reprise à l'article L 2341-1 du code général de la propriété des personnes publiques, qui permet à l'État de consentir sur un immeuble lui appartenant un bail emphytéotique en vue de la restauration de cet immeuble, de sa réparation, de sa mise en valeur ; ce bail est spécialement réglementé par la loi du 23 juillet 2010 quant à ses modalités et à son champ d'application possible.

On est ainsi en présence d'une pratique constante, multiséculaire du bail emphytéotique par les personnes publiques – catégorie dont la nomenclature s'est enrichie au cours de siècles –, avec ses caractéristiques essentielles également constantes : droit réel du preneur avec tous les attributs du propriétaire, bail de longue durée, modicité de la redevance. Ces différentes formules de baux sont toujours au service de la valorisation d'un foncier inexploité par le propriétaire donneur à bail ; ces utilités varient selon les époques mais rejoignent toujours, puisqu'il s'agit de baux consentis par des personnes publiques, la satisfaction d'un intérêt général.
Si l'institution du bail emphytéotique a été recueillie dans le droit écrit pour la première fois à l'époque moderne par l'inscription de la loi de 1902 aux articles L. 451-1 et suivants

---

22 Rapport J.-P. Machelon, préc., p. 25.

du code rural, dans des termes qui restent toujours la référence pour les modèles ultérieurs, son utilité et son usage n'ont jamais été limités à la valorisation des propriétés agricoles et d'autres formes de baux emphytéotiques ont été distinctement réglementées, dont on vient d'indiquer les principales. Pas davantage l'inscription du bail emphytéotique administratif dans le code général des collectivités territoriales, s'il rend possible la conclusion de tels baux sur le domaine public dans les conditions et limites qu'il précise, ne condamne la libre pratique antérieure du bail emphytéotique sur le domaine privé des collectivités publiques.

II. La liberté contractuelle des parties au bail emphytéotique

Il faut maintenant aller plus loin et, se référant là encore à la pratique ancienne des baux emphytéotiques, notamment par les personnes publiques, se demander si la réglementation de plusieurs de ces baux par des lois successives absorbe et épuise la catégorie des baux emphytéotiques ou bien si elle laisse subsister, à côté de ces contrats spéciaux, la liberté conventionnelle des parties d'organiser un contrat translatif de droit réel sur ce même schéma mais sans référence explicite un contrat nommé de cette nature et sous la seule réserve de l'ordre public.

Cette question a été posée en ces termes par Alain Benabent : « on peut se demander si, en dehors du recours aux modèles légaux…, les contractants pourraient mettre sur pied un mécanisme de transfert légal de droits réels à titre temporaire, une sorte de "vente temporaire" : il serait convenu qu'après la durée stipulée la propriété transférée ferait de plein droit retour au vendeur, sans même qu'une manifestation de volonté soit nécessaire comme dans la vente à réméré ». Il y est répondu par la négative mais dans des termes qui ne convainquent pas parce qu'est opposé l'ordre public de la

vente au bail emphytéotique alors que, précisément, celui-ci n'est pas une vente mais un contrat d'une autre nature[23].
Au contraire, pour Philippe Malaurie et Laurent Aynès, qui examinent très complètement la question, « le principe de la liberté des conventions permet aux particuliers de créer tous les droits que la loi n'interdit pas, notamment ceux qui confèrent à leur titulaire des prérogatives directes sur la chose et opposables aux tiers, même si la loi ne l'a pas expressément prévu dans la liste des droits réels ». Et de même pour Jean-Louis Bergel qui rappelle l'arrêt *Coquelard* de 1834 précité : « au-delà des controverses doctrinales, le découpage de toutes les utilités que l'on peut tirer d'un bien et que l'on a regroupées dans le droit de propriété peut librement s'effectuer, sans avoir à respecter la décomposition prévue par la loi. La majorité de la doctrine se prononce ainsi pour la libre création de droits réels »[24]. Dans le même sens, on a noté plus haut que l'article L. 451-3 al. 2 du code rural et de la pêche maritime réservait la possibilité de baux emphytéotiques s'écartant du modèle de la réglementation de celui-ci dans ce même code[25].

Récemment, le projet de la commission de réforme du livre II du code civil relatif aux biens, élaboré sous l'égide de l'Association Henri Capitant et déposé à la chancellerie le 31 octobre 2008, propose d'introduire dans le chapitre IV du titre consacré aux démembrements de la propriété (art. 606 à 611) le « droit réel de jouissance spéciale ». L'article 608 prévoirait ainsi que « le propriétaire peut consentir, sous réserve des règles d'ordre public, un ou plusieurs droits réels conférant le bénéfice d'une jouissance spéciale d'un ou plusieurs de ses

---

[23] A. Bénabent, *Droit civil - les contrats spéciaux*, Domat Droit privé, 2013, n° 261.

[24] *Op. cit.*, n° 355 et suivants, spéc. n° 359.

[25] Sur la controverse doctrinale du XIXe siècle sur cette question, v. L. Pfister, « Les particuliers peuvent-ils au gré de leur volonté créer des droits réels ? Retour sur la controverse doctrinale du XIXe siècle », *Revue des contrats*, oct. 2013, p. 1261.

biens »[26]. Il s'agit ici d'une nouvelle source de valorisation des biens, librement ouverte à la volonté des parties à un tel contrat, largement inspirée au demeurant par l'évolution législative contemporaine relative aux droits réels pouvant être consentis sur les propriétés publiques. Il semble que ce vœu ait déjà été entendu en jurisprudence, la cour de cassation ayant reconnu, dans un arrêt 2012, la possibilité de consentir des droits réels conférant le bénéfice d'une jouissance spéciale à son attributaire sur la base d'une convention librement stipulée avec le propriétaire : « le propriétaire peut consentir, sous réserve des règles d'ordre public, un droit réel conférant le bénéfice d'une jouissance spéciale de son bien »[27].
S'agissant des propriétés publiques, la réflexion sur les droits réels constitués sur celles-ci, notamment au titre d'un bail emphytéotique, – réflexion que l'on doit initialement à Hauriou – a toujours échappé à la discussion, récurrente dans la doctrine privatiste, du caractère limitatif ou non des droits réels nommés par le code civil en tant que démembrements du droit de propriété et pouvant être engagés par voie conventionnelle. C'est que l'autonomie des sources du droit administratif justifie que soient reconnus ces droits réels administratifs, de même nature que les droits réels du droit privé – de même que la propriété publique est de même nature que la propriété des personnes privées –, et présentant les mêmes caractéristiques de démembrement du droit de propriété, ici celui de la collectivité publique propriétaire du domaine[28].

Finalement, on est ici dans une situation bien connue du droit des contrats spéciaux ou nommés, ceux-ci se dégageant d'une

[26] Travaux publiés par Litec, 2009, sous la direction de H. Périnet-Marquet, spécialement les contributions de J.-L Bergel et de Y. Gaudemet.
[27] Cass. civ. 3e, 31 août 2012, *SACD c/ Maison de la poésie, LPA* 12 juin 2013, n° 117, p. 11, note J.-F. Barbieri.
[28] En ce sens, Y. Gaudemet, *Traité de droit administratif*, tome 2, *Droit administratif des biens*, Traité LGDJ, 2014, n° 92-1 et n° 319.

pratique contractuelle continue et préalable pour faire l'objet d'une réglementation écrite spécifique sans que cela affecte la liberté de contracter sur des objets identiques ou voisins et dans des formes propres, sous la seule réserve de l'ordre public. Cette liberté conventionnelle a été rappelée par exemple, s'agissant des personnes publiques, à propos de la vente en l'état futur d'achèvement, dans des termes transposables au bail emphytéotique[29].

Et l'on doit suivre ici la démarche civiliste caractérisant les contrats spéciaux ou nommés. L'article 1107 du code civil, en une formule inchangée depuis 1804, précise l'articulation de la théorie générale du contrat et des règles propres à chaque catégorie de contrats : « les contrats, soit qu'ils aient une dénomination propre, soit qu'ils n'en aient pas sont soumis à des règles générales… ». Il est donc des contrats « qui ont une dénomination propre » et d'autres qui n'en ont pas. Il est, autrement dit, des contrats nommés et des contrats innommés. Les contrats nommés sont ceux qui correspondent à une catégorie connue et qui font, à ce titre, l'objet d'une réglementation spécifique, d'un corps de règles propres. C'est le cas de la vente ; c'est aussi le cas du prêt, du bail, du dépôt, de l'entreprise, et de bien d'autres contrats encore. C'est le cas également du bail emphytéotique, celui de la loi de 1902 et du code rural d'abord, des autres baux de cette catégorie régis par des textes ultérieurs ensuite.
Mais « si chaque contrat nommé forme une catégorie contractuelle, les catégories contractuelles ne se limitent pas aux seuls contrats nommés. L'ensemble des catégories est plus vaste : il inclut certains contrats innommés »[30]. Si ces derniers ne se coulent pas dans des moules préétablis par la loi, leur

---

[29] CE 8 févr. 1991, *Région Midi-Pyrénées, RDP* 1991, p. 1137, note J.-M. Auby. V. aussi M. Mahouachi, *La liberté contractuelle des collectivités locales*, PUAM, 2002.
[30] S. Gaudemet, *La clause réputée non écrite,* thèse Paris II, 2006, préf. Y. Lequette, Economica, n° 450.

existence ne doit pas étonner : le droit français consacre le principe de la liberté contractuelle et son corollaire, le consensualisme. Ce qui laisse aux parties la possibilité de créer leur propre droit contractuel, en dehors des modèles proposés par la loi et sous la seule réserve de l'ordre public.

Ainsi en est-il des baux emphytéotiques dont la catégorie a précédé toute consécration par un texte ; ce qui laissait et laisse toujours pleine liberté aux parties pour en aménager conventionnellement les clauses, en marge des baux emphytéotiques nommés, existants ou apparus par la suite, comme autant de variétés au sein de cette catégorie. C'est d'ailleurs ce que réserve l'article L. 451-3 al. 2 du code rural et de la pêche maritime déjà cité et auquel il est accoutumé de renvoyer : il déclare les dispositions du code rural relatives au bail emphytéotique applicables seulement « à défaut de conventions contraires ».
La liberté conventionnelle des parties s'exerce ainsi sous la seule réserve du respect de l'ordre public. Cette indication explicite peut être rapprochée, par un *a contrario*, des dispositions qui régissent les baux d'habitation, les baux professionnels ou les baux commerciaux, uniformément déclarées d'ordre public et s'imposant au cocontractant, respectivement par l'article 2 la loi du 6 juillet 1989, par l'article 57 A de la loi du 23 décembre 1986 dans la rédaction de la loi du 4 août 2008 et par l'article L. 145-1 du code de commerce également dans la rédaction de la loi du 4 août 2008 ; avec, dans ce dernier cas, cette exception explicite, à l'article L. 145-3, que les dispositions de la loi ne s'appliquent pas aux baux emphytéotiques.

Reste alors, au nom de cette réserve d'ordre public et dans le cas des personnes publiques, à apprécier si les différents et nombreux baux emphytéotiques consentis par elles ne comportent aucune clause contraire à l'ordre public et notamment en ce qu'ils confèrent au preneur à bail un droit réel sur la propriété occupée. La réponse est simple : libre pratique sur le domaine privé ; dans les limites d'une loi le permettant sur le domaine public. Reste aussi à s'assurer qu'ils ne constituent pas une libéralité, autrement dit qu'ils ont une contrepartie satisfaisante et suffisante dans la satisfaction d'un intérêt général par le preneur bail.

Mélanges Jean-Pierre Machelon, LexisNexis, 2015.

Bail emphytéotique et monuments historiques sont-ils des mots qui vont très bien ensemble ?[1]

Jean-Luc TIXIER
Docteur en droit
Chargé d'enseignement à l'Université de Paris 1 Panthéon Sorbonne
Notaire associé - Cheuvreux

C'est le refrain qui m'est venu en tête en assistant le 16 novembre 2018 au colloque *Bail emphytéotique et monuments historiques* organisé par la Demeure Historique, la Fondation pour les monuments historiques, l'Institut d'Études de Droit public (IEDP) et l'Institut Droit Éthique Patrimoine (IDEP). Si l'on en croit les témoignages de bailleurs et de preneurs exprimés, ou relatés, à cette occasion la réponse serait affirmative, mais elle a été fournie à la lumière d'expériences où toutes les fonctionnalités de l'outil n'ont pas été exploitées, sinon revendiquées. Elle doit donc être tempérée sur le fondement de ce qui pourrait être qualifié d'« autorité relative de la chose vécue »[2].

Certes, d'un strict point de vue fiscal, la réponse est désormais positive. Jusqu'à il y a peu l'emphytéote d'un immeuble « monument historique classé ou inscrit, bâti ou non-bâti »[3] ne pouvait pas déduire de ses revenus fonciers les travaux qu'il réalisait sur l'immeuble. Depuis le 1er janvier 2017[4],

[1] « Michelle, ma belle sont des mots qui vont très bien ensemble », extrait de la chanson *Michelle* des Beatles.
NDLR : Le comité scientifique du colloque *Bail emphytéotique & monuments historiques* remercie Jean-Luc Tixier pour son apport complémentaire aux travaux de recherche des intervenants.
[2] Et ce à la lumière, bien entendu, de l'autorité de la chose jugée.
[3] Art. 31-0 bis du CGI.
[4] Art. 119 de la loi de finances 2016 du 29 déc. 2015.

l'emphytéote peut imputer les déficits résultant de ces travaux de son revenu global[5,6]. Ceci permet aux propriétaires privés et publics (collectivités territoriales, communes…) qui ne sont pas en mesure d'engager la rénovation de leur monument historique, d'en conserver la propriété tout en transférant temporairement de nombreuses prérogatives à un tiers.
Mais qu'en est-il d'un point de vue juridique ? Réponse en dix-sept questions.

I. Quelles sont les caractéristiques essentielles du bail emphytéotique ?

Le bail emphytéotique[7] fut, à l'origine, un instrument de mise en valeur des immeubles ruraux ; c'est un contrat par lequel le bailleur confère au preneur (l'"emphytéote"), pour une durée comprise entre plus de 18 ans et 99 ans, un droit réel immobilier spécial (l'"emphytéose"). Libres cessions et hypothèques, possibilité de constituer des servitudes, et saisissabilité le caractérisent. Les prérogatives conférées sont notablement plus étendues que celles conférées par un louage ordinaire d'immeuble. Les améliorations réalisées et les constructions édifiées sont la propriété du preneur, lequel doit les conserver en bon état d'entretien et supporter les charges et réparations y afférentes.
Les articles L. 451-1 à L. 451-13 du code rural et de la pêche maritime énoncent les principales caractéristiques de l'emphytéose, ses règles de passation et de fonctionnement. Ces dernières s'appliquent à défaut de conventions

---

5 Pour mémoire, les immeubles ayant seulement obtenu le label de la Fondation du patrimoine sont exclus de cette disposition.

6 Le bailleur (personne physique ou personne morale fiscalisée) ne devant pas oublier, pour sa part, qu'en l'état actuel des textes, il sera taxé lors de l'accession des améliorations en fin de bail. V. ci-après question XII.

7 Les dispositions qui gouvernent le bail emphytéotique sont codifiées sous les articles L. 451-1 et s. du code rural et de la pêche maritime (C.rur.), tous les articles cités « L. » sont des articles issus de ce code.

contraires[8]. L'apparente liberté d'élaboration du contenu de ce contrat s'efface en réalité devant l'impérative nécessité de préserver les attributs inhérents à la titularité d'un droit réel immobilier. Face aux risques générés par l'introduction de stipulations ou adaptations contractuelles pouvant se révéler inadéquates[9], ces dernières demeurent en réalité extrêmement limitées.

Le « canon emphytéotique » autrefois modique ne l'est plus nécessairement aujourd'hui, notamment lorsque l'immeuble objet du bail est particulièrement bien situé.

Le bail emphytéotique, constitutif d'un droit de superficie, opère un démembrement temporaire de la propriété du bailleur. Ainsi, le preneur est investi de l'essentiel des attributs de la propriété durant le bail ; il peut être considéré comme un « simili propriétaire ».

C'est d'ailleurs pourquoi le preneur peut consentir des servitudes dès lors qu'elles n'excèdent pas la durée du bail et qu'il en avertit le bailleur[10]. Il peut aussi librement affecter hypothécairement ses droits ; la résiliation amiable ou judiciaire du bail emphytéotique entraîne extinction des hypothèques grevant le bail résilié. Le bailleur emphytéotique n'est donc pas dans la même situation que le bailleur à construction qui doit subir la survie des hypothèques grevant les droits de son ex-preneur jusqu'à la date conventionnellement prévue[11].

II. Le monument historique est-il par nature « emphytéo-compatible » ?

Peu importe les – lointaines – origines rurales du bail emphytéotique ou sa codification dans le code rural[12] : le

[8] Art. L. 451-3.
[9] Sur ce point, v. *infra* question n° XV.
[10] Art. L. 451-9.
[11] V. CCH, art. L. 251-3 et L. 251-6 al. 1 et 2.
[12] Et de la pêche maritime.

monument historique objet de l'emphytéose peut se situer en milieu urbain, rural, ou industriel. Peu importent aussi la nature et la destination du monument : le choix en faveur de l'emphytéose n'est pas conditionné à la nature du projet envisagé par l'emphytéote sur le site. Choisir l'emphytéose, c'est choisir un instrument fiable, au titre duquel aucune impossibilité juridique ne s'élève à l'encontre de sa passation, avec pour objet un monument historique quel qu'il soit.

Si le bail à construction a pu être, par simplification, présenté comme l'adaptation du bail emphytéotique au milieu urbain, cela n'a pas pour conséquence d'évincer le bail emphytéotique de ce dernier. De même, le bail emphytéotique ne saurait être écarté au seul motif que l'immeuble serait à usage commercial et industriel[13]. L'immeuble peut enfin tout à fait être à usage d'habitation[14].

S'agissant par hypothèse d'immeubles monuments historiques existants lors de la conclusion du bail, les parties peuvent librement convenir de leur sort : ces immeubles peuvent être soit conservés par le bailleur, soit transférés au preneur pendant la durée du bail. Il ne s'agit alors pas d'une vente. Le preneur exerce seulement en pareil cas pendant la durée du bail emphytéotique des prérogatives attachées à sa qualité sur ces édifices. Il s'agit d'une propriété temporaire sur ces "superficies" de mêmes nature et durée que s'il les avait lui-même édifiés durant le bail.

III. Peut-on « bien choisir » son emphytéote ?

Certains bailleurs, dispensateurs de conseils à des propriétaires tentés d'avoir recours au bail emphytéotique, insistent sur la nécessité « d'avoir une affinité avec

---

13 Cass. 3e civ., 3 déc. 1980, *Gaz. Pal.* 1981. 1, pan. 115.

14 Sur la particularité des baux consentis en pareil cas aux occupants, v. *infra* questions n° XII et XIII.

l'emphytéote » (*sic*)[15], voire évoquent les qualités personnelles de tel emphytéote personne physique avec lequel ils ont contracté, et sont demeurés durablement liés, le parcours de celui-ci, ou le fait qu'il ait été entouré par une très bonne équipe, telle qu'annoncée à l'origine. D'autres évoquent l'opportunité de « choisir comme preneur une association plutôt qu'une collectivité publique » (*sic*)[16]. À l'opposé, certains preneurs mettent en exergue leur objet statutaire pour affirmer que ce dernier apporterait une garantie au bailleur.

Ces recommandations émanent principalement de bailleurs qui ont connu un seul emphytéote, celui avec lequel ils ont conclu leur bail, emphytéote qui n'a jamais fait usage des prérogatives inhérentes à cette qualité. En effet, pendant toute la durée du contrat, l'emphytéote possède la liberté incontournable et irréductible de céder ses droits ; le bail emphytéotique n'est pas, et ne peut pas être, un contrat *intuitus personae*. L'après-midi même de sa conclusion, l'emphytéote peut céder son bail. Aucune stipulation ne peut organiser (solidarité du cédant postérieurement à la cession vis-à-vis du bailleur par exemple), limiter[17] ou prohiber la cession[18].

La seule consolation – objective – du bailleur réside dans le fait que la cession pourra être partielle seulement s'il y consent, dans le contrat d'origine ou ultérieurement. Le bailleur ne peut donc pas être confronté, sans l'avoir accepté, au morcellement du droit réel qu'il consent ; il est assuré d'avoir face à lui un seul et unique interlocuteur contractuel pendant toute la durée du contrat. En revanche, il ne peut pas connaître l'identité et le nombre de ses emphytéotes successifs.

---

[15] Témoignage d'un bailleur lors du colloque *Bail emphytéotique & monuments historiques*.

[16] *Idem*.

[17] Un bail non librement cessible ne peut pas être emphytéotique, compte tenu du caractère essentiel présenté par la libre cession dans un tel contrat (Cass. 3e civ., 10 avr. 1991, *RJDA* 6/91 n° 471).

[18] Sur les conséquences de la stipulation de telles clauses, v. *infra* question n° XV.

Dès lors, les expériences faisant état d'un unique preneur demeuré stable et les conseils dispensés sur le fondement d'une telle hypothèse ne doivent pas faire illusion. S'y ajoute l'entière liberté de sous-location : ni les exploitants effectifs des activités appelées à être développées sur le site[19], ni leur nombre ne peuvent être connus ou contrôlés.

IV. Peut-on savoir ce qu'il se passera dans le monument historique et dans ses abords durant l'emphytéose ?

Les témoignages de bailleurs emphytéotiques de monuments historiques sur le projet tel qu'initialement esquissé par leur candidat preneur ont été nombreux lors du colloque précité. Mais sur ce point aussi, les expériences, sinon les apparences sont trompeuses.

L'emphytéote dispose des droits les plus étendus dans la jouissance et l'usage du bien[20]. Si le contrat porte atteinte à cette liberté, le bail emphytéotique est disqualifié en bail ordinaire[21]. L'on peut citer les cas dans lesquels le changement du type de commerce exercé est subordonné (même dans des hypothèses limitées) à l'accord préalable du bailleur[22], ou la possibilité d'exercer un autre commerce que celui initialement énoncé n'est pas générale[23], ou encore la stipulation d'une clause limitant exclusivement l'usage auquel le bénéficiaire peut affecter les biens loués[24] [25]. La seule limite est qu'il ne

---

19 Sur les « sous-locations », v. *infra* question IV.

20 Bordeaux, 21 avr. 1983, *Gaz. Pal.* 1984. 1. 128.

21 Sur la possible évolution de cette solution, v. *infra* question n° XV.

22 Cass. 3e civ., 12 déc. 1978 et 10 avr. 1991, préc.

23 Cass. 3e civ., 3 oct. 1991, *Bull. civ. III*, n° 222.

24 Cass. 3e civ. 13 mai 1998, *Bull. civ. III*, n° 101.

25 Dans un bail à construction, les parties, peuvent convenir d'une clause imposant des restrictions à l'activité du preneur (Cass. 3e civ., 7 avr. 2004, *RD imm.* 2004. 22, obs. C. Saint-Alary-Houin) ; mais cette solution n'est pas considérée comme transposable au bail emphytéotique.

peut pas opérer des changements qui diminuent la valeur du fonds[26].

Si l'emphytéote est tenu d'exploiter l'intégralité du bien (seul un cas de force majeure est susceptible de le délier de cette obligation[27]), il dispose d'une entière liberté de location du terrain d'assiette[28] et des constructions existantes ou édifiées par ses soins. L'emphytéote peut librement consentir toutes sortes de baux sur le terrain, sur les immeubles existants ou construits en cours de bail. Cela suppose que la configuration des lieux et leur situation administrative s'y prêtent[29] ; en revanche, il ne peut pas consentir un sous-bail emphytéotique ou un bail à construction.

L'emphytéote peut aussi librement construire un bâtiment neuf sur un terrain nu (que ce dernier constitue tout ou partie de l'assiette du bail), surélever un bâtiment, réaliser des ouvrages souterrains, rénover lourdement un immeuble[30]. Ce type de contrat permet à son titulaire d'opérer toutes transformations des bâtiments, tous changements de destination, de culture de la chose louée.

À la limite précitée (l'atteinte à la valeur du fonds) s'ajouteront, dans le cas qui nous intéresse, les particularités liées aux règles administratives gouvernant l'exécution de travaux sur un monument historique bâti, classé ou inscrit, ou à proximité de celui-ci.

Si l'on souhaite éviter que ne surgissent des usages inattendus ou inappropriés aux abords immédiats du monument historique (sur le terrain qui l'environne ou dans les proches bâtiments de la même propriété), c'est à l'assiette dudit bail qu'il convient de prêter attention : procéder à une division en

---

26 Art. L. 451-7 al. 1.

27 Cass. 3e civ., 16 juill. 1986, *Rev. loyers*,1986, p. 427.

28 D'où l'enjeu de la délimitation de la partie de celui-ci comprise dans l'emprise du bail.

29 Sur la situation des locataires ainsi introduits sur le site, v. *infra* question XIII.

30 Que la propriété dudit immeuble lui ait été, ou non, transmise pour la durée du bail.

volumes et conférer le bail emphytéotique sur le seul volume "enveloppe" du monument historique peut s'avérer une solution efficace. Sur les autres bâtiments, ou sur le terrain adjacent, l'on privilégiera alors des conventions beaucoup plus coercitives : bail de droit commun encadrant destination, cession, sous-location, constructions et/ou aménagements, etc. Si le preneur relève du statut des baux commerciaux, il en sera de même à l'exception de la cession à laquelle il ne pourra pas être fait obstacle si elle intervient au profit de l'acquéreur du fonds de commerce exploité par le preneur[31] (mais pourront être prévus : solidarité entre cédant et cessionnaire vis-à-vis du bailleur, droit de préemption, formalités…)[32]. Néanmoins, la cession ne sera pas totalement libre comme en matière d'emphytéose.

V. Le recours au bail emphytéotique est-il restreint par la qualité du bailleur ?

Toute personne privée, physique ou morale, peut consentir un bail emphytéotique ; elle doit passer le bail dans les mêmes conditions et formes qu'une aliénation[33].
Si le bail emphytéotique de droit privé ne peut être consenti sur le domaine public, en raison du caractère inaliénable de ce dernier, en revanche une personne publique peut aussi consentir un tel bail sur son domaine privé[34][35].

---

[31] Art L. 145- 16 C. com.

[32] V. jurisprudence d'application de l'article L. 146-16 précité.

[33] Art. L. 451-2, al. 1er.

[34] Pour un exemple d'affirmation de ce principe en matière de bail à construction, transposable au bail emphytéotique, v. CAA Nancy 29 nov. 2007, *Contrats et Marchés Publics* 2008 n° 74, p. 19.

[35] Pour mémoire, les personnes publiques peuvent aussi avoir recours, tant sur leur domaine public que sur leur domaine privé, au bail emphytéotique administratif ; mais celui-ci implique, contrairement au bail emphytéotique de droit privé, le respect de critères spécifiques.

VI. Peut-on imposer une amélioration initiale à l'emphytéote du monument historique ?

Contrairement au bail à construction qui doit comporter une obligation essentielle d'édifier, le bail emphytéotique se contente d'offrir la faculté de libre amélioration à son preneur[36]. Le contrat dont l'obligation essentielle d'améliorer consiste en l'obligation d'édifier un ou plusieurs bâtiments ne peut être qu'un bail à construction.
Indépendamment de la libre possibilité de réaliser au cours du bail tous autres travaux d'amélioration (dès lors qu'ils ne portent pas atteinte au site), il apparaît possible de stipuler des obligations contractuelles d'amélioration sous forme d'aménagements ou de constructions (autres que des actes essentiels d'édification), ce qui suppose que cette édification ne soit pas conçue comme une obligation déterminante[37]. Il peut ainsi être imposé à l'emphytéote d'un monument historique une amélioration initiale sous forme de ravalement, de plantations, sans que le contrat ne puisse pour autant encourir une disqualification.

Le bail emphytéotique offre donc la possibilité au preneur de construire un ou plusieurs immeubles tout en gardant son caractère emphytéotique[38] (si cela est administrativement possible et ne diminue pas la valeur du fonds) s'agissant d'un contrat qui a pour finalité de donner une plus-value à la propriété qui en est l'objet[39].

---

[36] Cass. 3e civ., 8 sept. 2016, n° 15-21.381 et 15-22.374, *D.* 2016. 1818.

[37] V. Cass., 11 nov. 1861, *DP* 1862. 1. 44 ; CA Aix-en-Provence, 20 oct. 1987, *AJPI* 1989. 145 ; Cass 3e civ, 3 oct. 1991, *D.* 1991, p. 239, refusant la qualification de bail emphytéotique à un bail de locaux au motif « que la modicité du loyer n'était que relative et n'avait pas pour contrepartie la prise en charge d'améliorations par le preneur ».

[38] Cass. 3e civ., 8 sept. 2016, préc.

[39] Cass. 3e civ., 5 déc. 2001, n° 99-20.871, *D.* 2002. 253, *Constr.-urb.* 2002, comm. 35.

Le bail emphytéotique peut donc fort bien s'accompagner d'une obligation de construire un édifice d'accueil ou d'un espace de restauration ; mais cela doit rester mesuré et accessoire par rapport à la globalité de l'opération que constitue la prise à bail.

VII. Quelle durée ?

Le bail emphytéotique doit être conclu pour plus de 18 ans et pour 99 ans au plus. Il ne peut prévoir aucun dénouement avant la dix-huitième année. Le plus souvent, la durée est fixée en tenant compte de la nécessité que la durée du bail excède largement celle du financement hypothécaire projeté[40] ou que le droit ainsi conféré à son titulaire présente au moins au cours de ses premières années une valeur d'actif minimale (l'approche du terme du bail venant ensuite réduire mécaniquement cette valeur).

Cette durée, certes longue, est limitée. La conclusion du bail et ses cessions ultérieures n'entraînent par conséquent pas de transfert de droit perpétuel de propriété ; ces opérations présentent donc l'avantage déterminant de ne relever d'aucun droit de préemption ; elles ne doivent toutefois pas caractériser un montage frauduleux à l'égard de tels droits ou du droit de l'urbanisme. Mais dans le cas qui nous intéresse, il est peu probable que tel soit le cas.

Ce contrat, constitutif d'un droit réel immobilier et de plus est consenti pour une durée supérieure à 12 ans, est soumis à sa publication au fichier immobilier aux fins d'opposabilité aux tiers au sens de la publicité foncière. Il est donc indispensable de l'établir par acte notarié.

La prolongation par tacite reconduction est impossible[41]. La stipulation d'une prorogation expresse est en revanche possible ; le plus souvent, elle bénéficie au preneur, sur la base

---

40 La durée du bail excède en pratique le plus souvent d'au moins 20 ans celle du financement.

41 art. L. 451- 1 al. 2 *in fine.*

d'une manifestation unilatérale formelle de sa part, dans un délai assez long avant la fin du contrat. Bien entendu, une prorogation peut aussi être convenue en cours de bail.
Dans tous les cas, aucun principe n'impose qu'une telle prorogation s'accompagne d'une obligation d'apporter des améliorations.

VIII. Le bail emphytéotique : certitude d'un monument historique bien entretenu ?

L'emphytéote est tenu de conserver le monument historique objet de l'emphytéose en bon état d'entretien et de réparation de toute nature[42] sans qu'il puisse être dérogé à cette règle.
Mais le bailleur doit être conscient que cette obligation est le corollaire d'un véritable dessaisissement de sa part : le contrat ne peut pas prévoir que le bailleur puisse faire exécuter les réparations incombant au preneur en cas de carence de ce dernier[43].
Tant en ce qui concerne le monument bâti existant au moment du bail que des constructions qui viendraient à être élevées en cours de bail, l'emphytéote n'est pas obligé de reconstruire les bâtiments, s'il prouve qu'ils ont été détruits par cas fortuit, par force majeure ou qu'ils ont péri par le vice de la construction antérieure au bail[44]. Se pose alors la question de la possibilité d'organiser, ou non, le sort du bail en pareille circonstance. Il répond de l'incendie, conformément à l'article 1733 du code civil[45].

[42] Art L 415-8 al. 2.
[43] Cass. 3e civ., 7 oct. 1992, *RJDA* 12/92 n° 1113, solution transposable au bail à construction.
[44] Art. L 451-8 al. 2.
[45] Art. L 451-8 al. 3.

IX. Le bail emphytéotique : certitude pour le propriétaire du monument d'un budget dépenses réduit à néant ?

Le preneur a l'obligation de s'acquitter de toutes les charges et contributions de l'immeuble assiette du bail[46], il est érigé en débiteur direct des taxes et impôts relatifs tant aux constructions qu'au terrain ; ainsi la taxe foncière sur les propriétés bâties est établie au nom de l'emphytéote qui en est l'unique et direct redevable pendant la durée de l'emphytéose (CGI, art. 1400-II), libérant le bailleur de toute charge fiscale à cet égard.
S'agissant des monuments historiques objets d'un bail emphytéotique, l'emphytéote doit être assimilé au propriétaire pour ce qui relève de l'imposition des recettes perçues et la déduction des charges à compter du 1er janvier 2017 (CGI, art. 31-0 bis). Cette nouvelle disposition du code général des impôts permet donc au propriétaire bailleur d'alléger la charge d'entretien de tels monuments en en transférant le coût sur l'exploitant qui perçoit les recettes des différentes activités exercées dans les lieux[47].

X. Quel loyer ?

Le preneur peut payer un loyer d'un montant important ou modique, selon que l'immeuble mis à disposition présente ou non une valeur d'usage importante. Le loyer peut être payé en une seule fois et d'avance, ou périodiquement, voire combiner ces deux modalités de paiement. S'il est périodique et donc, fort probablement, indexé, son indexation doit respecter les dispositions d'ordre public des articles L. 112-1 et suivants du code monétaire et financier.

---

46 Art. L 451-8 al. 1.

47 Soit en les exerçant directement, soit en les laissant exercer par des sous-locataires.

XI. La stabilité procurée par l'impossibilité de stipuler une clause de résiliation : réel atout ?

L'emphytéote est assuré d'une stabilité d'occupation. La stipulation d'une clause de résiliation de plein droit en faveur du bailleur en cas de non-paiement du loyer confère à la jouissance de l'emphytéote une précarité incompatible avec la constitution d'un droit réel, peu important que la précarité imposée au locataire trouve son origine dans son propre fait[48]. Le contrat peut seulement se contenter de rappeler la faculté qu'aura l'une ou l'autre des parties de solliciter une résiliation judiciaire en cas de manquement de son cocontractant.
Cet attrait distingue ce type de contrat du bail de droit commun et du bail commercial statutaire (dans ce dernier, une clause résolutoire est possible, et d'ailleurs systématique, seules les modalités de sa mise en œuvre étant encadrées par des règles d'ordre public[49]). En revanche, l'emphytéose ne se démarque pas, sur ce point, du bail à construction.
En cas de résiliation, le bailleur accède à la propriété des immeubles construits avant l'expiration du bail[50].

XII. L'absence de régime fiscal attractif à la fin du bail est-elle toujours un inconvénient ?

Le bail emphytéotique ne bénéficie pas, contrairement au bail à construction, d'un régime fiscal spécifique ; dans ce dernier, lorsque les constructions reviennent sans indemnité au bailleur, la taxation présente des caractéristiques favorables. C'est même d'ailleurs très souvent la raison du choix affiché par le potentiel bailleur en faveur de ce type de contrat, avant même qu'il se soit assuré que les caractéristiques de celui-ci soient bien remplies : aucune imposition n'est due au titre de

---

[48] Cass. 3e civ., 14 nov. 2002, n° 1655, *RJDA* 2/03, n° 124.
[49] Art. L 145-41 C. com.
[50] Cass. com., 24 juin 1997, n° 1695 P, *SCI Agnel-Teissonnière*.

la remise des constructions si la durée du bail est égale ou supérieure à 30 ans[51].
La perception du canon de l'emphytéose et le bénéfice de la remise des constructions et améliorations éventuellement réalisées par l'emphytéote constituent des revenus fonciers pour le bailleur. Ces revenus sont taxés dans les conditions de droit commun ; contrairement au bail à construction, aucun régime particulier n'a été instauré en faveur de l'emphytéose.
Il est cependant possible de stipuler à la charge de l'emphytéote l'obligation d'enlever des installations ou aménagements qu'il aura pu néanmoins librement installer en cette qualité. N'accédant pas à celles-ci, le bailleur n'encourra aucune taxation. Dans le cas d'un monument historique, cela pourra concerner tant des aménagements additionnels réalisés dans l'environnement du monument que des aménagements apportés au monument lui-même. Cela suppose de toute manière une rédaction adaptée.

XIII. Une issue attractive pour le propriétaire du monument historique ?

Rappelons que cette issue peut être repoussée, dans la limite globale de 99 ans, soit qu'une clause ait été stipulée dans le bail d'origine, soit que les parties s'accordent sur cette prolongation avant l'expiration de la durée initialement convenue.
Dans le silence du contrat, le bailleur devient propriétaire en fin de bail des constructions édifiées et profite des améliorations (art. L 451-7 al. 2) sans devoir acquitter une indemnité. Si le bail rappelle le plus souvent ce principe de la remise des constructions contractuelles en fin de bail sans

[51] Si elle est inférieure à 30 ans, le revenu brut foncier est égal au prix de revient des constructions, sous déduction de 8 % par année de bail au-delà de la dix-huitième (*CGI* ann. III, art. 2 sexies).

indemnité, cette remise peut aussi s'effectuer moyennant indemnité.
Au jour de l'expiration du bail, l'emphytéote ne pourra pas opposer au propriétaire bailleur du monument historique une prétention à un maintien dans les lieux, ou à l'octroi préférentiel d'un bail, ou à la perception d'une indemnité d'"éviction". Les parties peuvent toutefois convenir d'un droit préférentiel de location au profit de l'emphytéote sortant. Cela peut résulter des termes du bail initial ou d'un avenant à ce dernier.
Les baux ou titres d'occupation qui auront été consentis par l'emphytéote s'éteindront : les « sous-occupants » introduits sur le site ne pourront opposer au propriétaire du monument aucun « droit au maintien dans les lieux » ; même les baux consentis par l'emphytéote qui relèveraient du statut des baux commerciaux subissent ce sort[52].
Mais si la configuration du monument historique se prête (ou vient à se prêter en cours de bail) à un usage d'habitation, le tableau se noircit sensiblement : les baux d'habitation soumis aux dispositions de la loi du 6 juillet 1989 demeurent opposables au propriétaire au terme de l'emphytéose. Ils se poursuivent alors automatiquement avec le propriétaire de l'immeuble jusqu'au terme de chacun des contrats de bail signés avec les locataires (C. rur., art. L. 451-2 al. 4).
Le bailleur ne dispose d'aucun remède à cette situation : le preneur est libre d'affecter le monument à tout usage[53] sans que le bailleur ne puisse en aucune manière prohiber l'usage d'habitation.

---

[52] Cass. 3e civ., 14 nov. 2007, nº 06-18, *Loyers Copro.* 2008 nº 14. V. aussi Cass. 3e civ., 29 janv. 1992, *Bull. civ.* III, nº 31; Cass. 3e civ., 9 févr. 2005, nº 190, *Constr.-urb.* 2005, nº 73.

[53] Sous réserve de respecter les dispositions légales et réglementaires qui régiront les travaux qui permettront cette transformation, et l'usage lui-même.

XIV. Le bail emphytéotique peut-il constituer une véritable alternative à l'acquisition du site objet du bail ?

Cette durée, certes longue, est limitée. La conclusion du bail et ses cessions ultérieures n'entraînent par conséquent pas de transfert de droit perpétuel de propriété. Ces opérations présentent donc l'avantage déterminant de ne relever d'aucun droit de préemption[54] ; elles ne doivent toutefois pas caractériser un montage frauduleux à l'égard de tels droits[55] ou du droit de l'urbanisme. En présence d'une telle intention, le contrat encourt la censure[56], la conclusion d'un bail emphytéotique ne pouvant avoir pour objet de constituer une fraude à la loi, tel l'objectif exclusif de se soustraire au droit de préemption d'une commune[57] ou à des prescriptions d'urbanisme[58]. Mais, en dehors de l'hypothèse de la fraude, la conclusion d'un bail emphytéotique sur un immeuble soumis au droit de préemption n'est pas contestable par la commune titulaire de ce droit[59]. Rappelons qu'un tel bail, lorsqu'il est consenti pour 99 ans, peut conduire à la perception d'une redevance qui s'avère peu éloignée du montant du prix de vente de l'immeuble considéré.

---

54 Droit de préemption urbain, des terrains destinés à des surfaces de ventes, des Safer, du Conservatoire du littoral, sur les terrains « commerciaux » (loi « LME »), etc.

55 V. la conclusion concomitante d'un bail superficiaire pour 99 ans et d'un pacte de préférence, considérée comme frauduleuse (Cass. 3e civ. 7 nov. 2002, no 1718, *Constr.-urb.* 2003, n° 78).

56 CE 30 déc. 2002, req. n° 232584, *BJDU* 2003. p. 192.

57 Cass. 3e civ., 27 nov. 2002, *J.-Cl. Constr. et urb.* 2003, p. 78, l'adjonction d'un pacte de préférence au profit de l'emphytéose ayant en l'espèce constitué un indice en faveur de l'analyse en vente déguisée.

58 CE 30 déc. 2002, req. n° 232584, *Sté civile immobilière d'HLM de Lille et environs*, *BJDU* 3/2003, p. 192.

59 Cass. 3e civ., 2 juill. 1977, *Bull. civ.* III, n° 245.

XV. Faut-il résister à la tentation d'introduire des clauses atypiques ?

Les conditions d'existence de l'emphytéose sont, de longue date, appréciées avec rigueur et tous ses caractères généraux doivent être impérativement réunis[60]. À défaut, les juges restituent son exacte qualification au contrat litigieux sans s'arrêter à la dénomination adoptée par les parties et ne se limitent pas à considérer comme non écrite la clause contraire à ces critères. Le plus souvent le contrat est disqualifié en bail ordinaire. Si son titulaire est propriétaire d'un fonds de commerce exploité dans l'enceinte des immeubles contractuels, il est titulaire d'un bail commercial statutaire et bénéficie, s'il en respecte les conditions, du droit au renouvellement. Toutefois, cette prétention devra être développée très rapidement après la conclusion du bail : le Cour de cassation a en effet fixé le point de départ de la prescription biennale applicable à la demande tendant à la requalification d'une convention en bail commercial comme étant la date de la conclusion du contrat (à propos d'un contrat de bail de droit commun)[61].

Mais en matière de bail à construction, la Cour de cassation a jugé que la clause soumettant la cession du bail à construction à l'agrément du bailleur, constitutive d'une restriction au droit de céder du preneur, devait être déclarée nulle et de nul effet[62]. Il est donc permis de s'interroger sur la possible transposition de cette solution au bail emphytéotique : toute clause d'un bail emphytéotique, jusqu'alors considérée comme incompatible avec la nature même de ce contrat, ne serait plus susceptible

---

[60] V. Cass. 3e civ., 11 juill. 2007, n° 06-14.214, *RDI* 2008. 212, obs. C. Saint-Alary-Houin.

[61] Cass. 3e civ., 14 sept. 2017, n° 16-23.590 (à propos d'un contrat de bail de droit commun mais raisonnablement transposable au bail emphytéotique).

[62] Cass. 3e civ., 24 sept. 2014, n° 13-22.357, *D.* 2014. 1939 ; *RDI* 2014. 640, obs. M. Poumarède.

d'entraîner la disqualification de ce dernier en bail ordinaire, et donc, le cas échéant, en bail commercial statutaire si les conditions d'application du statut des baux commerciaux s'avéraient remplies[63].

XVI. Y a-t-il une place pour les clauses exorbitantes du droit commun ?

En présence d'un bail emphytéotique conclu avec une personne publique portant occupation de son domaine privé, la présence d'une clause exorbitante du droit commun écarte *de facto* la qualification de bail emphytéotique pour emporter celle de contrat administratif. Rappelons que la clause exorbitante est celle qui révèle l'inégalité entre les parties au contrat, au bénéfice de l'Administration qui représente l'intérêt général. La Cour de cassation fait une stricte application de la nouvelle définition de la notion de clause exorbitante du droit commun consacrée par le Tribunal des conflits en 2014[64]. Mais si la première chambre civile a jugé que les contraintes imposées dans un bail à construction au bénéfice de la personne publique contractante n'induisaient aucun déséquilibre exorbitant et qu'à l'inverse elles « correspond[ai]ent au contrôle normal » et a, pour ce faire, rappelé que les constructions et améliorations avaient vocation à revenir au bailleur à l'issue du bail à construction (CCH, art. L. 251-2), et qu'il est classiquement admis que le bail contienne des restrictions à l'activité du preneur[65]. Il n'est pas certain que la solution eût été la même en présence de telles clauses insérées dans un bail emphytéotique

63 V. *supra*, note 2.
64 Cass. 1re civ., 4 oct.2017, n° 16-21.693, F-PB : inf. 416 ; *AJDA* 2017, p. 1920 ; *AJ Contrat* 2017, p. 540.
65 Cass. 3e civ., 7 avr. 2004, n° 02-16.283.

XVII. Et pourquoi pas un bail ordinaire ?

Un bail ordinaire permet d'envisager d'occuper un immeuble pour une longue durée (notamment supérieure à 18 ans), d'avoir la faculté de l'améliorer, plus ou moins, librement, ou même l'obligation de le faire[66] ; il présente donc de prime abord des fonctionnalités identiques à celles d'un bail emphytéotique. Et, contrairement au bail emphytéotique, le bail ordinaire peut interdire, totalement, ou partiellement, la cession et/ou la sous-location[67] et imposer une destination, et surtout une exploitation personnelle de l'activité. Mais si l'opération envisagée par le preneur présente une certaine importance, le droit seulement personnel conféré par le bail ordinaire de longue durée sera un écueil. Les financeurs de projets exigent d'avoir la possibilité de disposer d'une sûreté réelle et imposent le recours au bail emphytéotique.
Finalement l'ambiguïté prévaut et le bail emphytéotique peut chanter au monument historique : « je t'aime moi non plus ».

[66] CA Paris 19e ch. sect. A, 26 sept. 2000, *AJDI* 2000, p. 955.
[67] C. civ., art. 1717.

III
La vie du contrat

Les aspects de droit public
Le cas spécifique des meubles

Christine FERRARI-BREEUR
Maître de Conférences (HDR) à l'Université Jean Moulin Lyon 3
Codirectrice de l'Institut Droit Art et Culture (IDAC)
Responsable du Master 2 Droit et Fiscalité du Marché de l'Art

Pourquoi traiter du sort des meubles dans un colloque consacré au bail emphytéotique[1] dans le domaine des monuments historiques, qui sont en grande majorité de nature immobilière ?
Parce que si la question paraît assez théorique au moment de la rédaction du contrat, elle est susceptible de se poser au moins par la suite. Cette réalité peut être illustrée par un exemple récent : un des chefs-d'œuvre d'Alvar Aalto, le sanatorium de Paimio en Finlande, a été mis en vente fin 2018 et ceci suscite des inquiétudes quant au risque de dispersion du mobilier qu'il recèle (bureaux, luminaires jusqu'aux poignées de portes qui ont été dessinés par l'architecte et designer)[2]. Ces craintes sont loin d'être hypothétiques dans le cadre d'un bail emphytéotique français : en effet, la durée est toujours facteur de risques et il convient de les anticiper au maximum.

Ceci étant, il paraît immédiatement nécessaire de souligner la diversité des situations : propriétaire et preneur peuvent être des personnes publiques ou privées, ce qui emporte des conséquences sur la situation du mobilier. Dans le cadre de

---

[1] Pour une présentation synthétique, v. G. Goffaux Callebaut, « Bail emphytéotique : quelques jalons pour des contrats complexes », *Juristourisme*, nov. 2018, p. 36-39.
[2] A.-F. Hivert, « L'hôpital et ses trésors », *M Le magazine du Monde*, 20 oct. 2018, p.74-79.

notre intervention, nous traiterons des meubles quelle que soit la nature de leur propriétaire et envisagerons surtout la question du type de contrat possible, le détail des clauses étant propre à chaque espèce. Cela suppose néanmoins de s'entendre sur la définition du "meuble", d'autant que dans une logique propre, le dispositif de protection des monuments historiques distingue les immeubles des objets mobiliers.
Dans ce cadre, les immeubles par destination sont considérés comme des meubles[3]. Concrètement, cela signifie qu'une mesure de classement concernant un édifice ne s'étend pas aux immeubles par destination qui pourront être librement séparés et vendus par le propriétaire. Du fait de cet enjeu, la frontière entre les deux a été l'objet de discussions et le juge administratif a pu retenir une interprétation favorisant la protection de l'ensemble[4].

Toutefois, l'article L. 622-1 du code du patrimoine envisage désormais le cas des « objets mobiliers, soit meubles proprement dits, soit immeubles par destination » et prévoit que « les effets du classement » décrits dans la section consacrée aux objets mobiliers « s'appliquent aux biens devenus meubles par suite de leur détachement d'immeubles classés [...] ainsi qu'aux immeubles par destination classés qui sont redevenus meubles ». Enfin, depuis 2016, le mécanisme prévu à l'article L. 621-33 a été étendu à un « effet mobilier » qui était attaché à perpétuelle demeure à un immeuble protégé au titre des monuments historiques et qui en a été illégalement détaché[5]. Cette évolution nous conduira donc à décrire la

[3] Le législateur ne souhaitant pas aller trop loin dans la protection, cette dernière ne s'étendra qu'aux éléments qui font corps de manière indivisible avec l'édifice et qui sont donc eux-mêmes des immeubles par nature.

[4] CE, 24 févr. 1999, *Société Transurba*, *JCP* 2000, n° 3, note P. Deumier : des bas-reliefs encastrés dans les murs du grand salon du Château de la Roche-Guyon ont été qualifiés d'immeubles par nature.

[5] Par cet article, l'autorité administrative peut notamment mettre en demeure l'auteur du détachement illicite de procéder à la remise en place de l'effet mobilier.

situation des meubles au sens large du terme (éléments de décor, vaisselle, tableaux, armures...).
Or, *a priori*, le sujet semble devoir être rapidement traité puisque le bail emphytéotique (ci-après BE) et le bail emphytéotique administratif (BEA) concernent les seuls biens immeubles. On se permettra toutefois une réflexion dès cette introduction : pourquoi cette limitation législative alors que les objectifs du BEA *valorisation*[6] sont « la restauration, réparation ou la mise en valeur » du bien, autant d'actions pouvant en théorie être applicables aux meubles[7] ? Quoi qu'il en soit, étant donné le champ d'application des baux, deux solutions semblent envisageables : soit l'inclusion d'un ou plusieurs articles à l'intérieur du contrat de bail soit la conclusion d'un contrat spécifique aux biens mobiliers.

Dans le premier cas, on peut estimer que l'intérêt des meubles, tout en existant en tant que tel, se trouve renforcé du fait de l'immeuble dans lequel ils se trouvent. Cette solution pourrait alors paraître plus conforme au thème de ce colloque majoritairement consacré aux immeubles et surtout plus en adéquation avec l'évolution actuelle du droit. Dans le second cas, est mis en évidence le fait que les meubles présentent un intérêt qui leur est propre, indépendamment du lieu où ils se situent. La solution du contrat séparé peut être alors plus réaliste car permettant de mieux répondre à l'évolution de la situation des meubles et surtout de l'immeuble, au début loué en très mauvais état, mais qui peut avoir fait l'objet de restaurations le conduisant à abriter par la suite des objets mobiliers. Ces deux hypothèses seront examinées successivement.

---

[6] Article L. 2341-1 du code général de la propriété des personnes publiques.

[7] C'est en tout cas la position de F. Tarlet qui pense cette transposition possible moyennant quelques aménagements, *Les biens publics mobiliers*, Dalloz, coll. Nouvelle bibliothèque de thèses, t. 170, 2017, p. 573.

I. Inclusion de clauses mobilières dans le contrat de bail emphytéotique

Si l'objet principal du bail est un immeuble, rien n'empêche d'envisager le sort des meubles au sein du contrat. Au contraire, cette solution semble même être plus logique dans la mesure où les meubles sont ici considérés parce qu'ils se trouvent dans l'immeuble concerné. Certes, il ne s'agit pas de confondre l'objet et le support le protégeant. En d'autres termes, les solutions présentées ci-après ont généralement pour objectif de déterminer le statut des meubles et non le type de contrat qui leur est applicable. Toutefois, il nous semble que, pour tenter de trouver la technique la plus adaptée à la protection et à la valorisation des meubles, le recours à certaines notions non directement liées à la matière contractuelle est intéressant car révélateur d'un mouvement global du droit des biens culturels.
Dans cette configuration, deux possibilités peuvent être retenues : l'application d'une théorie générale ou celle d'un mécanisme au champ d'application plus restreint mais peut-être plus en phase avec l'évolution actuelle de la législation.

A. En vertu de l'application de la théorie de l'accessoire

Cette possibilité peut être qualifiée de "généraliste" car on rappelle que cette théorie civiliste a été notamment utilisée pour déterminer l'appartenance de meubles au domaine public. Historiquement, ce sont les juridictions judiciaires qui, les premières, vont choisir de mobiliser cette théorie en constatant le rattachement d'un meuble donné à un édifice lui-même élément du domaine public[8].

[8] Par exemple, Cass. Req., 17 juin 1896, *DP* 1897, 1, p. 257 : « les livres et manuscrits qui sont la partie constitutive et essentielle d'une bibliothèque dépendant du domaine public, appartiennent nécessairement à ce même domaine » ou à propos d'objets mis en dépôt dans un musée municipal

Deux conditions sont alors requises pour que le caractère accessoire de l'objet mobilier soit reconnu. En premier lieu, l'immeuble et le meuble doivent avoir le même propriétaire. En second lieu, il doit exister un rapport de destination entre les deux biens. Ce rapport est présent lorsque le meuble est attaché à perpétuelle demeure à l'immeuble[9]. Il existe également lorsque les meubles ont été placés pour le service et l'exploitation de l'immeuble et qu'ils sont nécessaires voire indispensables à ce service ou à cette exploitation[10].

Mais pour que cette théorie s'applique, encore faut-il que le lien entre les deux biens soit suffisant. C'est précisément cette absence de lien suffisant qui empêche par exemple de considérer que les biens culturels découverts dans le domaine public maritime font eux-mêmes automatiquement partie de ce domaine[11]. Surtout, il faut que l'immeuble en question fasse aussi partie du domaine public. *A contrario*, l'appartenance d'un bien immobilier au domaine privé d'une collectivité publique va avoir comme conséquence que les meubles qui lui sont rattachés ne peuvent bénéficier du régime de la domanialité publique.

Si l'on transpose ces exigences à la situation qui nous intéresse, la solution du contrat unique avec inclusion de clauses mobilières en son sein paraîtra cohérente si les meubles sont l'accessoire de l'immeuble classé ou inscrit monument historique. Dans ce cadre, le statut des objets mobiliers n'a pas d'importance ; ils n'auront pas besoin en particulier d'être eux-mêmes protégés, ce qui ouvre des

---

par le Musée national de Sèvres, T. corr. Montluçon, 29 sept. 1965, *D.* 1965, p. 774.

9 Comme une statue placée dans une niche pratiquée exprès pour la recevoir.

10 Comme des objets cultuels nécessaires à l'office célébré dans une église construite avant 1905.

11 Le lien matériel des épaves ou leur cargaison avec le domaine public maritime est « trop accidentel pour considérer qu'ils en sont l'accessoire », Ch. Lavialle, « La loi du 1er décembre 1989 relative aux biens culturels maritimes », *JCP G* 1991, I, 3489.

perspectives assez larges. Toutefois, une autre proposition plus spécifique mais plus novatrice peut être formulée.

B. En considération de l'intérêt croissant de la notion d'ensemble

L'évolution du droit des biens culturels semble de plus en plus mettre en valeur le concept d'ensemble. Ainsi, certaines législations se sont mises à appréhender, non pas l'objet pris isolément, mais le groupe d'objets ; en témoigne la notion de collection retenue en 2002 comme condition d'attribution de l'appellation « musée de France »[12].

De même, la loi relative à la liberté de la création, à l'architecture et au patrimoine (dite loi LCAP) du 7 juillet 2016[13], a introduit la catégorie d'« ensemble historique mobilier » dont la définition est donnée par l'article L. 622-1-1 du code du patrimoine[14][15].

---

12 Art. L. 442-1 C. patr. et tout le Titre cinquième du Livre quatrième du code du Patrimoine ; on rappellera que selon l'article R. 111-3 du même code, constitue une collection « un ensemble d'objets, d'œuvres et de documents dont les différents éléments ne peuvent être dissociés sans porter atteinte à sa cohérence et dont la valeur est supérieure à la somme des valeurs individuelles des éléments qui le composent... ».

13 Loi n° 2016-925, *JORF* n° 0158 du 8 juill. 2016, texte n° 1.

14 « Un ensemble ou une collection d'objets mobiliers dont la conservation dans son intégrité et sa cohérence présente un intérêt public au point de vue de l'histoire, de l'art, de l'architecture, de l'archéologie, de l'ethnologie, de la science ou de la technique peut être classé au titre des monuments historiques comme ensemble historique mobilier par décision de l'autorité administrative [...]. Cet ensemble ne peut être divisé ou aliéné par lot ou pièce sans autorisation de cette autorité. Les effets du classement s'appliquent à chaque élément de l'ensemble historique mobilier classé et subsistent pour un élément s'il est dissocié de l'ensemble. Toutefois, lorsque l'élément dissocié ne bénéficie pas d'un classement en application de l'article L. 622-1, les effets du classement peuvent être levés pour cet élément par l'autorité administrative. »

15 Dans le même ordre d'idées, on peut aussi mentionner les « pôles nationaux de référence » créés par la même loi et qui visent à rassembler

Or, ce même texte ne va pas seulement considérer les meubles mais également l'immeuble qui les abrite. Ainsi, en vertu de l'article L. 622-1-2, « lorsque des objets mobiliers classés ou un ensemble historique mobilier classé sont attachés, par des liens historiques ou artistiques remarquables, à un immeuble classé et forment avec lui un ensemble d'une qualité et d'une cohérence dont la conservation dans son intégrité présente un intérêt public, ces objets mobiliers ou cet ensemble historique mobilier peuvent être grevés d'une servitude de maintien dans les lieux par décision de l'autorité administrative [...] ».
La limite d'application de cette servitude réside dans la situation des meubles : il faut non seulement qu'ils soient classés mais également qu'ils soient attachés à un immeuble lui-même classé. De plus, il faut démontrer l'existence d'un lien « remarquable » entre les deux. Cet adjectif ne figurait pas dans le texte initial et c'est à la suite de l'avis du Conseil d'État du 2 juillet 2015[16] que l'exigence du lien a été durcie. Il a en effet paru nécessaire d'opérer un équilibre acceptable entre l'instauration d'une servitude et le droit de propriété. De même, il a finalement été décidé que l'accord du propriétaire était nécessaire pour instituer cette servitude. Ainsi, contrairement à d'autres mécanismes qui peuvent être mis en place sans cet accord[17], le législateur ici n'est pas allé jusque-là. Cependant une fois instituée, la servitude constitue une garantie efficace car elle peut être maintenue contre l'avis du propriétaire. Les sujétions anormales sont alors compensées par une indemnité susceptible de constituer une incitation pour accepter le mécanisme[18]. Enfin, ce dernier subordonne

des collections éparses non présentées pour les réunir dans un seul et même musée, articles L. 451-12 et R. 451-35 et 36 du code du patrimoine.

[16] Avis n° 390.121, p. 7, § 20, le Conseil d'État mentionnant la nécessité du caractère « exceptionnel » de ce lien.

[17] V. par exemple le classement d'office au titre des monuments historiques prévu pour les meubles à l'article L. 622-4 du code du patrimoine.

[18] V. la suite de l'article L. 622-1-2 qui prévoit que « à défaut d'accord amiable, l'action en indemnité est portée devant le juge judiciaire ».

le déplacement des objets (ou tout ou partie de l'ensemble) à autorisation[19].

L'intérêt de cette servitude de maintien dans les lieux est qu'elle « peut être prononcée en même temps que la décision de classement des objets mobiliers ou de l'ensemble historique mobilier, ou postérieurement à celle-ci »[20]. Cela va alors permettre à la loi de 2016 de s'appliquer à des meubles classés avant son entrée en vigueur. Plus intéressant encore, en séparant le classement de la servitude, le texte introduit une souplesse temporelle qui peut permettre de mieux répondre aux changements de situation à l'intérieur d'un immeuble objet d'un bail emphytéotique. Toutefois, comme nous l'avons souligné, cette possibilité d'évolution en fonction des circonstances ne s'applique qu'en présence de biens immobiliers et mobiliers classés. Dans le même ordre d'idées, la limitation de l'objet du BEA *valorisation* peut désormais rendre cette formule moins attractive car concurrencée par d'autres mécanismes[21]. Il est donc nécessaire d'envisager une autre série de propositions.

II. Conclusion d'un contrat spécifique pour régler le sort des meubles

Comme indiqué en introduction, la distinction des deux objets (immeuble/meubles) est possible et la différence de régime juridique applicable en matière de monuments historiques en est la preuve. La dissociation des contrats est

---

[19] Art. L. 622-1-2 alinéa 2. À ce sujet, il est possible de nous interroger sur cette notion de déplacement, à l'instar de F. Monamy dans la chronique juridique parue dans *vmf*, mars 2017 n° 272 : faut-il envisager le seul transfert hors de l'immeuble en cas de travaux par exemple ou faut-il considérer que tout changement au sein de l'immeuble concerné doit faire l'objet d'une autorisation de l'administration ? La seconde interprétation pourrait se justifier si la pièce (et non l'édifice) dans laquelle le meuble se trouve est un élément essentiel de cet ensemble.

[20] Art. L. 622-1-2 dernier alinéa.

[21] V. la contribution d'A. Verjat dans cet ouvrage.

susceptible d'être avantageuse à plusieurs égards. En particulier, elle peut rendre plus aisée l'adaptation des clauses rendue nécessaire du fait d'un changement de circonstances puisque, dans ce cas, un seul acte devra être modifié. Ainsi, par exemple, alors qu'au début du bail, l'immeuble est quasiment en état de ruine ou nécessite une restauration d'ampleur, il est possible qu'une dizaine d'années plus tard, l'édifice se mette à abriter des meubles dont le sort doit être envisagé. D'ailleurs, il est possible que le propriétaire de l'immeuble diffère de celui des meubles ; on peut même envisager qu'un tiers propriétaire (un musée, une collectivité territoriale) puisse déposer des objets mobiliers dans l'édifice. Enfin, le fait de traiter séparément la situation de l'immeuble et des meubles peut aussi être intéressant d'un point de vue fiscal[22].

Deux solutions de contrat spécifiquement dédié aux meubles retiennent l'attention. On signalera qu'elles présentent certaines similitudes avec le droit italien qui préconise l'utilisation du commodat pour les biens appartenant à des personnes privées et celle du dépôt pour ceux des structures publiques[23].

A. Une solution au large champ d'application : le commodat

On rappellera que cette technique est envisagée par le code civil aux articles 1875 à 1891, qu'il s'agit d'un prêt à usage, c'est-à-dire celui des choses dont on peut user sans les détruire et qu'il se différencie du simple prêt qui concerne les choses qui se consomment par l'usage qu'on en fait[24].

Dans ce cadre, le preneur se sert de la chose mais il doit la rendre après s'en être servi. Par conséquent, le prêteur reste

---

22 V. la contribution de J.-R. Pellas.

23 A. Ferretti, *Manuale di diritto dei beni culturali e del paesaggio*, VI edizione, Manuali Simone, 2013, p. 155.

24 Art. 1874 du code civil.

propriétaire du bien prêté[25] et tout ce qui est dans le commerce peut être l'objet de cette convention[26]. L'emprunteur est « tenu de veiller raisonnablement à la garde et à la conservation de la chose prêtée »[27]. Quant au prêteur, il « ne peut retirer la chose prêtée qu'après le terme convenu »[28] sauf s'il en a « un besoin pressant et imprévu » ; dans ce cas le juge peut obliger l'emprunteur à la lui rendre[29].

Le commodat, appliqué aux meubles situés dans un immeuble objet d'un bail emphytéotique, permet souplesse et adaptabilité. Il peut aussi être l'occasion d'envisager (dans la mesure du possible) l'ensemble des situations pouvant survenir, alors que dans un bail, l'essentiel des clauses est consacré à l'immeuble et le sort des meubles, quand il est mentionné, ne l'est que de manière secondaire, périphérique. Ceci explique peut-être le choix qui a été fait dans le cadre du Château de Dampierre-sur-Boutonne où, selon nos informations, c'est la solution du contrat spécifique qui a été retenue pour régler le sort des meubles[30].

On peut en effet imaginer la rédaction de toute une série de dispositions comme par exemple une clause qui interdirait certaines d'activités susceptibles de dégrader l'objet mobilier[31], une clause obligeant à sécuriser des vitrines contenant de la vaisselle exposée au public ou encore des dispositions relatives à l'assurance des biens[32].

Mais si le code civil offre cette technique d'application générale et très souple, le statut particulier des parties ou des

---

25 Art. 1877 du code civil.

26 Art. 1878 du code civil.

27 Art. 1880 du code civil.

28 Art. 1888 du code civil.

29 Art. 1889 du code civil.

30 *Demeure Historique*, déc. 2017, n° 207, p. 4.

31 Comme une activité hôtelière conduisant à l'installation d'un sauna dans une pièce contenant une armure qui pourrait rouiller du fait de l'humidité.

32 V. notamment le dossier « L'assurance des objets d'art », *Dalloz IP-IT*, mai 2018, p. 272-292 dont « L'assurance des objets d'art des personnes publiques », Ch. Ferrari-Breeur, p. 280-285.

biens visés conduit parfois à privilégier le recours au code du patrimoine.

B. Une solution d'application plus restreinte : le dépôt

La première situation envisagée par le code du patrimoine est claire quant à la technique à utiliser : les structures ayant reçu l'appellation « musées de France »[33] « peuvent recevoir en dépôt [...] des œuvres d'art ou des objets de collection appartenant à des personnes privées »[34]. Si le dépôt doit se faire « aux fins d'exposition au public » et être d'une durée minimale de cinq ans, les autres modalités « sont définies par contrat »[35].

Cependant certaines règles énumérées aux articles R. 451-29 et suivants sont à respecter. La liberté des parties est donc encadrée puisqu'une série de mentions doit figurer dans le contrat. Doivent ainsi être précisés les caractéristiques de l'œuvre, le lieu et les modalités de sa présentation au public, les conditions de sa conservation ainsi que le type d'assurance du déposant. Il est également expressément mentionné que le « contrat est exclusif de toute rémunération au profit du déposant »[36].

En revanche, lorsque les prêts et dépôts concernent des biens faisant partie des collections des musées de France appartenant à l'État, l'article R. 451-26 mentionne des « décisions ». Cette formulation laisse supposer que le contrat

---

[33] On rappelle que cette appellation peut être décernée aux personnes morales de droit public ou de droit privé à but non lucratif comme une association ou une fondation, article L. 441-1 du code du patrimoine.

[34] Art. L. 451-11 du code du patrimoine.

[35] Selon nos sources, il semblerait que pour le Château de Maintenon (Eure-et-Loir), le mobilier ait fait l'objet d'un contrat de dépôt séparé ; de même pour une partie du mobilier placé dans le domaine de Villarceaux (Val d'Oise).

[36] Art. R. 451-32 du code du patrimoine.

est abandonné au profit de l'unilatéralité, tout au moins pour l'acte de principe consentant le prêt ou le dépôt.
C'est une analyse similaire qui peut être faite à propos des œuvres appartenant aux collections confiées à la garde des musées nationaux[37]. Là encore, ces biens peuvent faire l'objet de prêts et dépôts dont les modalités sont précisées aux articles D. 423-6 et suivants.
En vertu de l'article R. 423-7, le bénéficiaire doit accepter un contrôle assuré par le prêteur sur « les précautions prises pour la meilleure protection de l'œuvre prêtée ». La souscription d'une assurance contre le vol, la perte, la détérioration de l'œuvre est obligatoire, sauf si du fait « des garanties présentées par le bénéficiaire du prêt », une dispense d'assurance est accordée[38]. On relèvera également parmi les conditions de l'acceptation d'un dépôt, la nécessité d'être pourvu d'un personnel scientifique adéquat.
Dans ce cadre, l'article D. 423-9 prévoit expressément le dépôt d'œuvres « [...] 3° Dans les monuments historiques appartenant aux collectivités territoriales non affectés à un musée à condition qu'ils soient ouverts au public ». Le lien avec certains édifices classés est donc bien présent, même si la signature d'un contrat *stricto sensu* n'est pas envisagée. En effet, il est là encore question de « décisions de prêts » prises « par arrêté du ministre chargé de la culture ». Le régime juridique des biens concernés, protégés par la domanialité publique ainsi que la nature des propriétaires peut justifier le caractère unilatéral de la décision principale. Toutefois, il est possible d'imaginer que toutes les modalités pratiques de l'opération n'y figurent pas mais fassent l'objet au moins d'une annexe (éventuellement sous forme de contrat).

Avec le bail emphytéotique, nous assistons donc à la dissociation de la propriété et de la jouissance du bien et ceci

---

[37] Pour les musées nationaux relevant du ministère chargé de la culture, v. les articles R. 421-2 et s.
[38] Ch. Ferrari-Breeur, *loc. cit.*, p. 282.

pour une longue, voire très longue durée. Même si l'objet principal de cette technique est l'immeuble, il paraît important de ne pas oublier de traiter le sort des meubles éventuels. En effet, la présence de ces objets pourra conduire à accroître la valorisation de l'immeuble les abritant, venant par-là démentir l'adage « *res mobilis res vilis* » !

Le 7 février 2019.

Les aspects fiscaux du bail emphytéotique au miroir des monuments historiques

Jean-Raphaël PELLAS
Professeur honoraire ISC-Paris
Chercheur associé à l'IEDP et chargé de mission FONDAFIP

1.- Bien que non prévue par le code civil, l'institution de l'emphytéose a été reconnue par la doctrine et la jurisprudence[1], avant d'être consacrée par la loi du 25 juin 1902[2]. La définition du bail emphytéotique résulte de l'article L. 451-1 du code rural qui dispose : « Le bail emphytéotique de biens immeubles confère au preneur un droit réel susceptible d'hypothèque ; ce droit peut être cédé et saisi dans les formes prescrites pour la saisie immobilière. Ce bail doit être consenti pour plus de 18 années et ne peut dépasser 99 ans ; il ne peut se prolonger par tacite reconduction. » Avant d'examiner les conditions essentielles du bail emphytéotique de droit privé[3], relevons les qualifications qui jalonnent l'institution.

2.- Le bail emphytéotique, comme d'autres baux, confère la jouissance d'un immeuble. Il constitue ainsi une variété de baux, qui confère au preneur (l'emphytéote), pendant une durée comprise entre plus de 18 ans et 99 ans, un droit réel immobilier de jouissance sur l'immeuble lui permettant

[1] V. Cass. civ., 26 janv. 1864 : *DP* 1864, 1, p. 83 ; 24 août 1857 : *DP* 1857, 1, p. 326.
[2] L. 25 juin 1902 : *JO* 4 juill. 1902 ; *S.* 1903, législ. p. 505. Les dispositions du bail emphytéotique sont actuellement codifiées aux articles L. 451-1 à L. 451-13 du code rural.
[3] Nos propos sont limités au bail emphytéotique de droit privé et ne concernent pas la conclusion d'un bail emphytéotique administratif par un preneur personne physique qui disposerait de revenus locatifs.

d'exercer pleinement ses droits, d'hypothéquer, de céder, ou bien encore d'exercer un crédit-bail immobilier. Comme le précise Corinne Saint-Alary-Houin, « de manière générale, l'emphytéose n'est pas soumise aux règles du code civil relatives au louage de choses »[4]. Telle est également la position de Jean-Louis Tixier : « Constitutif d'un droit réel immobilier, le bail emphytéotique ne possède aucune similitude avec le louage d'immeuble ordinaire de droit commun et se trouve soustrait à ses règles »[5]. Malgré la nature de droits réels conférés au preneur, la force attractive de la convention absorbe l'emphytéose dans le cadre d'un louage de choses en droit fiscal. L'acte constitutif de l'emphytéose est soumis au même régime fiscal que les mutations de jouissance d'immeubles à durée limitée.

Cependant, les cessions émanant du bailleur, comme du preneur, sont soumises au même régime fiscal que les mutations d'immeubles aux termes de l'article 1378 du CGI. Toutefois si la cession se limite à la seule jouissance, l'article 738-1° du CGI rend exigible le seul droit fixe de 125 €[6] ainsi que le souligne Emmanuel Cruvelier, « bien que titulaire d'un droit réel, l'emphytéote demeure fondamentalement un locataire ; rien ne s'oppose donc à ce que la cession d'un droit de jouissance sur le bien soit assimilable à une cession de droit à un bail »[7].

Malgré une certaine proximité, le bail emphytéotique doit être distingué à la fois du bail à construction et du droit de superficie. Corinne Saint-Alary-Houin distingue les baux à construction et le bail emphytéotique : « il y a entre eux une

---

[4] C. Saint Alary-Houin, V° Bail emphytéotique, *Dalloz Action Droit de la construction* 2013, n° 140-150.

[5] J.-L. Tixier, V° Bail emphytéotique, *Répertoire de droit immobilier*, Dalloz, 2006, n° 11.

[6] BOI-ENR-JOMI-30, 6 oct. 2014, § 90.

[7] E. Cruvelier, « L'emphytéose en droit fiscal », *Droit fiscal*, déc. 2012 n° 49-543, § 34.

différence de degré plutôt que de nature. Le bail à construction fait naître obligatoirement une obligation de construire. Celle-ci est l'objet du contrat. Le bail emphytéotique, en revanche, a pour but de faire réaliser par le preneur des améliorations, mais elles ne sont pas nécessairement des constructions. »[8] Quant au droit de superficie qui consacre un partage horizontal de propriété (propriété qui porte sur ce qui s'élève au-dessus du sol)[9], il s'agit d'une technique juridique adaptable à tous types de baux y compris ordinaires.
Leur objet les différencie : l'emphytéote se voit reconnaître un droit réel immobilier de jouissance sur le bien loué, sur lequel se greffe, à titre d'accessoire, un droit de superficie temporaire « sur les améliorations, plantations et autres constructions réalisées » alors que le droit de superficie concerne une construction sur sol d'autrui[10]. Leur durée est distincte : perpétuelle dans le cadre du droit de superficie et temporaire pour le bail emphytéotique[11].

3.- Le bail emphytéotique ne peut être assimilé à un démembrement de la propriété.
Au soutien d'une jurisprudence ancienne[12], le droit réel de l'emphytéote est parfois présenté en doctrine, comme un droit

---

[8] C. Saint-Alary-Houin, *op. cit.*, n° 140-210. V. Cass. 3e civ., 8 sept. 2016, n° 15-21.381 : *JurisData* n° 2016-018136 ; *JCP N* 2016, n° 49, 1338, § 3, obs. J. Monéger ; *JCP E* 2017, 1006, n° 12, obs. J.-B. Seube ; *Loyers et copr.* 2016, comm. 228, note B. Vial-Pedroletti ; *Constr.-Urb.* 2016, comm. 135, note Ch. Sizaire.

[9] La nature du droit de superficie n'est pas réellement définie dans le code civil. Le droit de superficie a été introduit dans le code civil (livre IV) par l'ordonnance n° 2005-870 du 28 juill. 2005.

[10] B. Grimonprez, V° Superficie, *Rép. civ. Dalloz*, 2013.

[11] Cass. 3e civ., 6 mars 1991 ; *Bull. civ.* III, n° 84 ; *RD imm.* 1991, p. 189, obs. J.-L. Bergel.

[12] Cass., 6 mars 1861, pourvoi c/CA Grenoble, *D.* 1861.1.417 ; Cass. 3e civ., 15 mai 1970, *Mme Chambouline c/Cts* Albertini, n° 68-12.915, *Bull. civ.* III, n° 339 ; *D.* 1970. jur. 773.

réel principal démembré du droit de propriété[13]. Leur proximité tient au caractère réel et temporaire de l'usufruit[14] qui laisse présager une identité de prérogatives avec l'emphytéote[15]. À la différence de l'usufruit, l'emphytéose, sans être perpétuelle, se caractérise par sa longue durée. Mais elle n'est pas viagère, elle se transmet aux héritiers de l'emphytéote, et prend fin à l'arrivée du terme. Elle partage néanmoins ce caractère temporaire avec un usufruit dont le terme est déterminé contractuellement. Par ailleurs, en contrepartie d'un faible "canon", l'emphytéote prend en charge toutes les réparations nécessaires y compris les grosses réparations qui, dans le cadre d'un démembrement de propriété, incombent par principe au nu-propriétaire et non à l'usufruitier. Enfin, l'emphytéote peut établir librement des sous-locations ou bien encore céder son bail sans pour autant demander l'accord préalable du bailleur. Or, dans le cadre d'un démembrement de propriété, l'usufruitier ne peut accomplir seul des actes d'administration comme la signature de baux d'une durée supérieure ou égale à neuf années.

Soucieux de réalisme économique, le droit fiscal s'affranchit de ces qualifications et considère l'emphytéote comme un quasi-propriétaire. Ainsi que le souligne Emmanuel Cruvelier, « d'un caractère intermédiaire entre l'usufruit et la pleine propriété, le profit retiré de leur cession est donc soumis au régime des plus-values immobilières »[16]. Le juge de l'impôt écarte l'assimilation de l'emphytéote à usufruitier comme l'atteste une décision de la Cour administrative d'appel de Nantes à propos de travaux réalisés sur un monument

---

13 C. Saint-Alary Houin, *op. cit.*, n° 140-80.

14 Au sens de l'article 578 du code civil, l'usufruit est un droit réel c'est-à-dire que l'usufruitier exerce l'ensemble des pouvoirs qui traduisent sa qualité, directement sur la chose appropriée par un autre.

15 V. *Jurisclasseur civil*, fascicule unique usufruit (art. 578-581 C.civ.) par P. Veaux-Fournerie, paragraphe 32, avr. 2018.

16 E. Cruvelier, *op. cit.*, n° 18.

historique *La chartreuse de Valonne*[17]. Le refus d'assimilation est partagé par la Cour de cassation à propos d'une SCI *Le palais des évêques*, détentrice d'un monument historique dont les travaux de restauration ont été réalisés par l'emphytéote[18].

4.- Somme toute, quelles sont les caractéristiques essentielles du bail emphytéotique ? La qualification d'un bail emphytéotique au sens des dispositions précitées du code rural est retenue avec rigueur par le juge. La convention doit avoir été conclue pour une longue durée. Il faut, en outre, que le preneur soit titulaire d'un droit réel librement cessible, saisissable et susceptible d'hypothèque[19]. Si la durée de la convention est inférieure à 18 ans, le contrat ne peut être qualifié de bail emphytéotique[20]. En outre, la durée du bail ne peut excéder 99 ans. Enfin, l'article L. 451-1, alinéa 2, *in fine*, du code rural énonce que la convention n'est pas reconductible par tacite reconduction. S'agissant d'un droit réel, la convention est donc incompatible avec un droit de jouissance précaire. La précarité résultant d'une clause de résolution de plein droit est incompatible avec la notion même de bail emphytéotique[21]. La troisième chambre civile tient la faculté de libre cession pour l'une des caractéristiques majeures du bail emphytéotique[22]. Sans que l'investissement sur le fonds loué soit considéré comme une condition essentielle du bail, l'emphytéote doit généralement selon les stipulations du bail améliorer le fonds. En revanche, l'emphytéose implique la liberté pour le preneur de réaliser

---

17 CAA Nantes, 1re, 7 juill. 2016 n° 15NT01324.

18 Cass. com., 15 mars 2017, n° 14-18.452, F-D.

19 Cass. 3e civ., 12 déc. 1978, *D.* 1979, IR 220 ; 12 oct. 1994, *Bull. civ.* III, n° 175.

20 Cass. 3e civ., 29 avr.1997, *Ann. Loyers* 1997, p. 1563, n° 23498, obs. J. Lachaud.

21 Cass. 3e civ., 14 nov. 2002, *Bull. civ.* III, n° 223, *AJDI* 2003. 433, obs. J.-M. Blazy, *Defrénois* 2003, art. 37676, n° 10, obs. R. Libchaber.

22 Cass. 3e civ., 7 avr.2004. *Bull. civ.* III, n° 72 ; *Rev. Loyers* 2004, p. 503, obs. B. Peignot.

tous travaux de construction et de démolition sans le consentement du bailleur. *A contrario*, si la convention interdit au preneur de faire des travaux de construction ou de démolition sans l'autorisation du bailleur et prévoit que les améliorations restent à la charge de ce dernier, le bail ne peut être qualifié d'emphytéose[23].

5.- Traditionnellement le preneur doit payer au bailleur une redevance périodique dénommée "canon". La modicité du canon est souvent en lien avec une clause du contrat qui oblige le preneur à apporter des améliorations au fonds. L'absence de modicité ne suffit pas à soustraire une convention aux articles L. 451-1 et suivants du code rural. Selon la Cour de cassation, ne constitue pas un bail emphytéotique un bail de longue durée dès lors, notamment, que « la modicité du loyer n'est que relative et n'a pas pour contrepartie la prise en charge d'améliorations par le preneur »[24]. Compte tenu de ces caractéristiques, il convient désormais de s'interroger sur l'opportunité de la mise en place d'un tel bail dans le cadre des monuments historiques. Pour faire face aux charges d'entretien et de restauration de ces biens immobiliers et afin de faciliter leur transmission aux générations futures, les propriétaires peuvent être tentés d'y associer un preneur selon les stipulations d'un bail emphytéotique. Dans le cadre de l'exploitation de ces monuments historiques, des interrogations surgissent alors quant aux rapports entre le propriétaire et le preneur à bail (**I**) et se poursuivent sur le terrain fiscal quant aux conséquences attachées à la constitution du bail emphytéotique (**II**).

---

23 Cass. 3e civ., 7 oct. 1992. *Bull. civ.* III, n° 264.

24 Cass. 3e civ., 3 oct. 1991. *Bull. civ.* III, n° 222 ; *Defrénois* 1992, art. 35220, n° 30, p. 382, obs. G. Vermelle.

I. Les obstacles d'une théorie de la propriété sous-jacente ou le traitement des obligations de l'emphytéote et du propriétaire du monument historique

6.- Il s'agit de préserver l'intégrité du monument historique. À ce titre, le preneur emphytéote est tenu de toutes les contributions et charges qui s'y rapportent. Mais compte tenu de sa liberté d'exploitation, il convient d'examiner les rapports du propriétaire et du preneur dans le cadre des investissements réalisés (**A**) et des opérations de mécénat (**B**).

A. Les investissements réalisés par l'emphytéote

7.- En ce qui concerne les constructions existantes au moment de son entrée en jouissance et celles qui auront été élevées en exécution de la convention, le preneur est tenu des réparations de toute nature. La notion de « réparation de toute nature » au sens de l'article L. 451-8 du code rural ne semble pas limitative, que les dépenses soient ordinaires ou non, d'entretien ou de grosse réparation[25]. Les distinctions inhérentes au démembrement de propriété s'effacent en quelque sorte dans le cadre du bail emphytéotique. Cette obligation positive est renforcée par un dispositif judiciaire lié aux détériorations éventuelles du fonds. Si l'emphytéote n'exécute pas les obligations du contrat ou commet de graves détériorations sur le fonds, il s'expose à une demande de résolution judiciaire par le bailleur (art. L. 451-5 du code précité). À l'aune d'une restauration déficiente ou inadaptée, la diminution de valeur du fonds pourrait être constatée et ainsi conduire à cette demande de résolution judiciaire. Ces risques peuvent ainsi entraîner des rapports conflictuels entre le propriétaire et le preneur. Sur un plan fiscal, faute d'assimilation de l'emphytéote à un usufruitier, les travaux

---

[25] Si la convention impose des dépenses d'améliorations à la charge du bailleur, le bail est alors disqualifié en bail ordinaire Cass. 3e civ., 7 oct. 1992, *op. cit.*

réalisés ne peuvent relever que des bénéfices non commerciaux.

8.- Dans la mesure où il confère un droit réel au preneur, le bail emphytéotique lui permet d'édifier des constructions nouvelles sans l'accord du bailleur, lequel ne peut donc pas reprocher à l'emphytéote qui a amélioré le fonds un manquement au contrat de nature à justifier sa résolution[26]. La législation des abords permet de contenir les constructions obligeant ainsi le preneur à des obligations déclaratives contrôlées par l'autorité administrative dans le respect de la conservation des bâtiments. Le contrôle scientifique et technique de l'État est ainsi renforcé par des servitudes des abords et désormais, depuis la loi LCAP du 7 juillet 2016, par la création de zones spécifiques au titre des ensembles cohérents. Cependant comme le précise Jacqueline Morand-Deviller, « le premier alinéa de l'article nouveau L. 621-30, I du code du patrimoine demeure très (trop ?) laconique : "Les immeubles ou ensembles d'immeubles qui forment avec un monument historique un ensemble cohérent ou qui sont susceptibles de contribuer à sa conservation ou à sa mise en valeur sont protégés au titre des abords" »[27]. Sur un plan fiscal, ces constructions nouvelles sont la propriété temporaire de l'emphytéote mais sur le terrain d'autrui. En cas de revenus locatifs, on doit alors admettre une qualification de revenus fonciers s'il s'agit d'une location nue.

9.- Par ailleurs, s'agissant de travaux sur un monument historique, le propriétaire a la responsabilité de la conservation du monument historique classé ou inscrit en vertu de l'article L. 621-29-1 du code du patrimoine. Mais en cas d'emphytéose, au titre des travaux réalisés sur un bien

[26] Cass. 3e civ., 15 déc. 2016, n° 15.22416, Jurisdata, n° 2016-026889.

[27] J. Morand-Deviller, V° Patrimoine architectural et urbain, Monuments historiques-abords, *Jurisclasseur construction-urbanisme*, fasc. 35-2, paragraphe 36, 9 oct. 2017.

existant lors de la conclusion du bail, sur qui pèse cette obligation ? Le code du patrimoine dispose que le maître d'ouvrage des travaux sur l'immeuble classé ou inscrit est le propriétaire. La responsabilité de la conservation du monument historique classé ou inscrit qui incombe à son propriétaire ou son affectataire domanial induit notamment l'exercice, par ces derniers, de la maîtrise d'ouvrage des travaux sur le monument, qu'il s'agisse de l'entretien, de la réparation, de la restauration ou de la mise en sécurité. Il est généralement admis que les travaux sont réalisés sous la maîtrise d'ouvrage du preneur. On peut en déduire que l'emphytéote est en conséquence tenu de respecter les obligations issues du code du patrimoine.

B. Les opérations de mécénat relatives aux monuments historiques

10.- L'article 10 de la loi de finances pour 2007[28] étend, sous certaines conditions, le bénéfice de la réduction d'impôt prévue aux articles 200 et 238 bis du CGI aux dons versés à la Fondation du patrimoine directement ou par l'intermédiaire d'une fondation ou d'une association qui reverse ces dons de manière irrévocable à la Fondation du patrimoine et aux fondations ou associations reconnues d'utilité publique et agréées par le ministre chargé du Budget, dont la Demeure Historique, agréée par le ministre du Budget depuis le 8 juillet 2008, en vue de subventionner la réalisation de travaux sur un monument historique privé.

11.- L'avantage fiscal s'applique aux seuls dons consentis pour la réalisation de travaux de conservation, de restauration ou d'accessibilité des immeubles appartenant à des personnes physiques ou à des sociétés civiles composées uniquement de personnes physiques et qui ont pour objet exclusif la gestion

---

[28] Loi de finances pour 2007 n° 2006-1666 du 21 déc. 2006, art.10, *DF* 2007 n° 1-2, comm. 12 et 26.

et la location nue des immeubles dont elles sont propriétaires. Les immeubles visés sont classés ou inscrits au titre des monuments historiques ou ayant reçu le label de la Fondation du patrimoine. Pour les monuments historiques, seules les parties visées par l'arrêté de protection peuvent bénéficier des opérations de mécénat et par exception, selon une tolérance administrative, au titre des travaux nécessaires à la protection de l'ensemble architectural[29]. En outre, ces immeubles ne doivent pas faire l'objet, en principe, d'une exploitation commerciale. Ces travaux doivent par ailleurs être expressément mentionnés dans une convention conclue conformément aux articles L. 143-2-1 et L. 143-15 du code du patrimoine, entre les propriétaires des immeubles précités et la Fondation du patrimoine ou les fondations ou associations reconnues d'utilité publique comme la Demeure Historique.
En présence d'un bail emphytéotique, se posent des problèmes liés à la qualité du propriétaire et aux rapports entretenus avec le preneur.

12.- En premier lieu, le bénéfice de la réduction d'impôt est réservé aux contribuables domiciliés en France au sens de l'article 4 B du CGI sous réserve que le donateur (ou l'un des membres de son foyer fiscal) ne soit ni le propriétaire de l'immeuble sur lequel les travaux sont effectués, ni un ascendant, un descendant ou un collatéral du propriétaire de l'immeuble ou, en cas de détention de l'immeuble par une société, de l'un des associés de la société propriétaire de l'immeuble, de ses ascendants, descendants ou collatéraux[30]. Il ne doit pas par ailleurs avoir conclu une convention, pour

---

29 A. Verjat, « L'appel au mécénat des monuments historiques privés », *Juris associations* 2013, n° 488, p. 42.

30 Selon la doctrine administrative exprimée au BOI-IR-RICI-250-10-10 paragraphe 60 en date du 10 mai 2017, il est admis d'apprécier cette condition en tenant compte uniquement des liens de parenté jusqu'au 4e degré inclusivement.

un immeuble lui appartenant, avec la Fondation du patrimoine ou avec une association ou fondation reconnue d'utilité publique et agréée. Selon l'administration des finances publiques, est considéré, pour le bénéfice de la réduction d'impôt, comme propriétaire de l'immeuble celui qui détient sur ce bien un droit réel[31]. Une instruction fiscale n'a certes pas d'esprit mais l'administration cite comme exemple des propriétaires en démembrement de propriété. Il conviendrait de considérer également l'emphytéote comme titulaire d'un droit réel.

13.- En second lieu, la loi mentionne expressément que le bénéfice du mécénat pour les monuments historiques privés est conditionné par la signature d'une convention entre le ou les propriétaires et une structure habilitée. Le propriétaire doit souscrire un engagement de conservation du bien et d'ouverture au public[32]. Ce double engagement qui naît de la convention de mécénat est de dix ans à compter de la date d'achèvement des travaux. Lorsque l'immeuble est détenu par une société, les porteurs de parts sont tenus de conserver la totalité de leurs titres pendant la même durée. Le preneur emphytéote étant tenu de toutes les contributions et charges qui se rapportent au monument historique, il paraît logique qu'il puisse être signataire de cette convention. Dans cette perspective, le propriétaire et l'emphytéote pourraient devenir "co-signataires" de ladite convention de mécénat au risque d'un éventuel blocage en cas de désaccord. Cependant, la liberté d'exploitation conférée à l'emphytéote doit lui permettre une jouissance effective du monument historique

---

[31] Cette doctrine initialement mentionnée au paragraphe 9 de l'instruction fiscale du 31 déc. 2007 BOI 5 B-21-07 est reprise dans le *BOFiP* au BOI-IR-RICI-250-10-10 paragraphe 50 en date du 10 mai 2017.

[32] Selon la doctrine administrative exprimée au BOI-IR-RICI-250-10-20-30 en date du 12 sept. 2012, ces engagements ne concernent pas les dons affectés à la restauration des immeubles ayant reçu le label de la Fondation du patrimoine.

alors que le refus de signature de la convention par le propriétaire risquerait de rendre précaire le droit réel de l'emphytéote.

14.- En troisième et dernier lieu, en cas de non-respect des engagements de conservation de l'immeuble ou d'ouverture au public pendant au moins dix ans à compter de la date d'achèvement des travaux, ou en cas d'utilisation de la subvention pour un objet autre que celui pour lequel elle a été versée, le V de l'article L. 143-2-1 du code du patrimoine prévoit que le propriétaire est tenu de reverser à la Fondation du patrimoine ou à une des autres « fondations ou associations reconnues d'utilité publique agréées » le montant de la subvention, réduit d'un abattement de 10 % pour chaque année au-delà de la cinquième, au cours de laquelle les engagements ont été respectés. Celui qui supporte ces sanctions est formellement le propriétaire. Cela se comprend en cas de cession du bien dans le délai de dix ans. Toutefois, en cas de gestion confiée à l'emphytéote et dans l'hypothèse d'un défaut d'ouverture au public, il paraît inéquitable d'imputer cette "sanction" au propriétaire, à moins de prévoir une clause financière dans le cadre du bail emphytéotique conduisant l'emphytéote à rembourser ces sommes au propriétaire.

15.- Les rapports consensuels entre les propriétaires et le preneur à bail permettent ainsi aux héritiers, qui n'ont ni les moyens ni les aptitudes pour gérer ce bien, de bénéficier d'un dispositif conduisant à une restauration du monument historique. Mais cette formule ne peut être réellement mise en œuvre que si l'emphytéote a la possibilité de déduire ses dépenses de travaux et autres charges indispensables, comme s'il était propriétaire.

II. Le recours à une théorie des utilités ou l'assimilation de l'emphytéote au propriétaire du monument historique

16.- Sur le terrain fiscal et dans le strict cadre des revenus fonciers, l'emphytéote est depuis le 1er janvier 2017 assimilé au propriétaire du monument historique. L'imposition est donc effectuée selon le régime des revenus fonciers sauf si le propriétaire est une personne physique ou morale relevant des bénéfices industriels et commerciaux. Avant d'examiner la portée de ce nouveau texte codifié à l'article 31-0 bis du CGI (**B**), il importe de rappeler que l'emphytéote était déjà assimilé à un propriétaire au titre de la « détention » d'un droit réel sur le bien immobilier (**A**).

A. La détention d'un droit réel sur le monument historique par l'emphytéote

17.- À titre liminaire, rappelons que la conclusion d'un bail emphytéotique est assujettie aux termes de l'article 689 du CGI à la formalité fusionnée donnant ainsi ouverture à la taxe de publicité foncière au taux de 0,7 %. La taxe doit être liquidée sur le prix du bail, c'est-à-dire sur le montant cumulé des loyers et des charges qui s'y ajoutent ou sur la valeur locative du bien loué, si elle est supérieure[33].

18.- L'exercice d'un droit de jouissance sur un bien immobilier et notamment sur un monument historique, bâti ou non bâti, conduit à s'interroger sur le redevable des taxes foncières.
Le droit de propriété doit-il être entendu exclusivement d'un point de vue juridique ou bien peut-on considérer, en se fondant sur des réalités économiques, qu'un droit de

---

[33] La valeur du droit de reprise des constructions en fin de bail n'entre pas dans l'assiette de la taxe si le bail emphytéotique est conclu pour une durée égale ou supérieure à 20 ans : Rép. min. 17 juin 1964 : *JCP N* 1964, IV, 3770.

jouissance exclusive et privative sur une chose équivaut à l'exercice d'un droit de propriété ?
À titre dérogatoire, le propriétaire de l'immeuble n'est pas redevable de l'impôt foncier. Tel est le cas lorsque la loi met à la charge d'une autre personne le paiement de l'impôt foncier, au motif que cette dernière possède la propriété utile du bien et en tire les fruits.

19.- Détenteur d'un droit réel sur le monument historique dont il se voit conférer la jouissance et l'usage, l'emphytéote est redevable des impositions locales établies conformément à l'article 1400 II du CGI. Tirant les conséquences de la substitution d'imposition au nom du titulaire du droit de jouissance, la jurisprudence a admis que lorsque l'emphytéote consent un sous-bail emphytéotique, la taxe foncière doit être établie au nom du titulaire de ce sous-bail[34]. Pour faire échec à l'imposition d'une taxe foncière au nom de l'emphytéote, la Cour administrative d'appel de Nantes avait jugé dans une décision de 2002 qu'un contrat qualifié de bail emphytéotique par les parties n'a pas le caractère d'un bail emphytéotique, dès lors qu'il soumet la cession du droit au bail à l'accord préalable du bailleur ; la taxe foncière devait en conséquence être établie au nom du propriétaire[35]. En définitive, l'imposition de l'emphytéote aux taxes foncières semble se déduire de la théorie des utilités[36]. Seules importent les utilités qu'il est possible de retirer du bien et, multiples, elles sont partagées entre différents utilisateurs. En somme, le *jus disponendi* s'efface au profit du *jus fruendi*.

---

[34] CE, 8e ss-sect., 27 sept. 2004, n° 264692 et 265646, *SCI de la Porte Perrière*, *RJF* 12/2004, n° 1256.

[35] CAA Nantes, 1re, 16 oct. 2002 nos 98NT00119 et 99NT01666, *Dr. fisc.* 2003, n° 10, comm. 182.

[36] Le juge de l'impôt considère implicitement que celui qui en tire les fruits doit être redevable des taxes foncières : CE, 29 oct. 1986, *Dr. fisc.* 25 févr. 1987, n° 416, à propos d'un usufruitier.

20.- Enfin subsiste une interrogation relative à l'impôt sur la fortune immobilière qui se substitue à l'impôt de solidarité sur la fortune. Doit-on assujettir à cette imposition sur le capital immobilier l'emphytéote seul ou bien l'emphytéote et le propriétaire selon des proportions à définir ? Tout d'abord, rappelons que les droits réels immobiliers entrent dans l'assiette de l'impôt sur la fortune immobilière au même titre que les droits de propriété. En vertu du 1° de l'article 965 du CGI, est incluse dans l'assiette de l'impôt sur la fortune immobilière la valeur nette, au 1er janvier de l'année d'imposition, de l'ensemble des biens et *droits immobiliers* appartenant aux personnes composant le foyer fiscal. Doit-on alors considérer que les droits de l'emphytéote sont imposables pour leur valeur en pleine propriété à l'instar de l'usufruitier ? La position d'Emmanuel Cruvelier, pour qui (à propos de l'ISF) : « Ce fondement ne saurait toutefois être retenu, dans la mesure où le droit d'emphytéose est un droit réel distinct, dont les prérogatives transcendent celles de l'usufruitier »[37], peut être transposée en matière d'impôt sur la fortune immobilière. Dans le silence de la loi, il conviendrait dès lors d'imposer distinctement l'emphytéote et le propriétaire.

21.- L'emphytéote serait en quelque sorte imposable sur la valeur en pleine propriété du bien, diminuée d'une décote, tandis que le propriétaire le serait pour une valeur résiduelle. Dans le cadre d'une jouissance ou d'une propriété temporaire, la valeur vénale d'un bien est influencée par la temporalité qui l'affecte. Il n'est pas rare, pour déterminer la valeur de ce bien en matière d'impôt de plus-value ou bien d'impôt sur la fortune, de tenir compte de ce temps qui s'écoule qu'il s'agit d'apprécier par la détention d'un droit démembré en cas de cession par exemple. Pour tenir compte de la valorisation

[37] E. Cruvelier, *op. cit.*, paragraphe 31.

économique de l'immeuble détenu[38], la décote applicable à la valeur vénale devrait être fonction de la durée du bail restant à courir au 1er janvier de l'année. Cela étant, la valeur vénale d'un monument historique est délicate à déterminer car elle doit tenir compte des contraintes spécifiques au monument compte tenu d'une absence de marché pertinent et comparable à celui des immeubles ordinaires. Un amendement parlementaire retenu par le Sénat le 15 décembre 2017 avait dans le cadre du projet de loi rectificative pour 2017 prévu à l'article 9 bis une exonération partielle de 75 % compte tenu de conditions tenant notamment à un engagement de détention d'une durée d'au moins quinze années, similaire à celle exigée par l'article 156 bis du CGI, ainsi qu'une affectation de l'immeuble, totale ou partielle, à une activité commerciale ou professionnelle ou à la visite payante. Ce dispositif n'a pas été retenu par l'Assemblée nationale lors de l'adoption définitive de la loi de finances rectificative.

Les vicissitudes de la qualité de l'emphytéote vis-à-vis de celle du propriétaire ont donné lieu à un contentieux nourri en matière de travaux de restauration des monuments historiques.

B. L'exploitation du monument historique par l'emphytéote

22.- Jusqu'à l'adoption de la loi de finances pour 2016 et plus exactement pour les baux conclus avant le 1er janvier 2017, l'emphytéote ne pouvait être assimilé à un propriétaire en ce qui concernait l'application du régime fiscal spécifique au monument historique. Lorsque l'emphytéote donnait lui-même en location le monument historique, il s'agissait, selon la doctrine administrative confortée par le juge de l'impôt, d'une sous-location et par suite les revenus étaient imposables

---

38 J. Picard, « Approche fiscale de la valorisation de l'immeuble privé par le bail emphytéotique », *Revue fiscale notariale*, nov. 2016, Étude n° 23.

dans la catégorie des bénéfices non commerciaux[39]. On reprochait à un tel positionnement son manque de réalisme économique, préjudiciable pour la conservation et la mise en valeur des monuments historiques. À l'occasion d'un amendement parlementaire relatif à la loi de finances pour 2016 et à l'initiative du sénateur Vincent Eblé, il a été décidé de substituer l'emphytéote au propriétaire pour déduire ses « dépenses de travaux et autres charges » au titre des revenus fonciers. Codifié à l'article 31-0 bis du CGI, ce texte vise à étendre le bénéfice du régime dérogatoire des monuments historiques prévu par le 3° du I de l'article 156 aux emphytéotes de monuments historiques classés ou inscrits, qu'ils soient bâtis ou non bâtis. Aux termes de cet article : « Lorsqu'un monument historique classé ou inscrit, bâti ou non-bâti, fait l'objet d'un bail emphytéotique d'une durée d'au moins 18 ans, le preneur est imposé en qualité de propriétaire *sur les recettes qu'il a perçues, après prise en compte des charges qu'il a supportées.* Cette imposition s'effectue sous le régime des revenus fonciers, *sauf si le propriétaire est une personne physique ou morale relevant du régime des bénéfices industriels et commerciaux*. Le preneur imposé sous le régime des revenus fonciers bénéficie, le cas échéant, par substitution du propriétaire, du premier alinéa du 3° du I de l'article 156 ». Les travaux parlementaires ne permettent pas d'interpréter de manière exhaustive la portée de cette « substitution ». La doctrine administrative se contente de préciser dans un commentaire elliptique que : « Corrélativement, le propriétaire du monument historique donné à bail emphytéotique ne peut donc lui-même se prévaloir des dispositions du 3° du I de l'article 156 du CGI »[40]. Elle précise également la portée dans le temps de cette "substitution" : « Les dispositions de l'article 31-0 bis du

[39] CAA Nantes, 1re, 7 juill. 2016 n° 15NT01324 et Cass. com., 15 mars 2017, n° 14-18.452, F-D.
[40] BOI-RFPI-SPEC-30, 21 juin 2016, § 35.

CGI s'appliquent aux baux emphytéotiques conclus à compter du 1er janvier 2017 »[41].

23.- Le champ d'application de ce dispositif semble limité aux revenus fonciers générés par un monument historique classé ou inscrit. Cette interprétation se déduit de l'objectif poursuivi par les dépositaires de l'amendement lors de la discussion en séance publique du 7 décembre 2015. Le sénateur Claude Raynal expose en ces termes l'intérêt d'un bail emphytéotique adossé à un monument historique : « mais cette formule ne peut être réellement mise en œuvre que si le preneur de ce bail, l'emphytéote, a la possibilité de déduire ses dépenses de travaux et autres charges indispensables comme s'il était propriétaire. Or l'article 31 du code général des impôts réserve la déduction des charges au propriétaire de l'immeuble. L'objet de l'amendement est donc d'étendre cette facilité à l'emphytéote. En cas de déficit, l'intéressé pourrait, comme les propriétaires de monuments historiques, en imputer le montant sur son revenu global. Par symétrie, le propriétaire de l'immeuble donné à bail emphytéotique ne serait imposé que sur le loyer qu'il percevrait du preneur, et ne pourrait en déduire aucune charge ». Ce dispositif ne vise donc que les monuments historiques productifs de revenus fonciers au sens de l'article 31 du CGI. Il en va de même si le bien est partiellement soumis à des revenus fonciers dans le cadre d'une occupation privative « partielle » par le propriétaire du monument historique. Cette interprétation est corroborée par une approche légistique. En la forme, ce texte dérogatoire au régime spécifique des monuments historiques s'inscrit à l'article 31-0 bis du CGI. Cela étant, si la nature des revenus fonciers inhérents à un monument historique peut être étendue à la vente de menus objets, la question des objets mobiliers attachés aux monuments historiques est plus délicate. Il n'est pas certain, à la lecture de ce texte : « le

[41] *Ibidem.*

preneur est imposé en qualité de propriétaire *sur les recettes qu'il a perçues, après prise en compte des charges qu'il a supportées... sauf si le propriétaire est une personne physique ou morale relevant du régime des bénéfices industriels et commerciaux* », que cela permette somme toute d'intégrer les biens mobiliers dans le bail emphytéotique. En effet, dans le cadre des rapports entre l'emphytéote et le propriétaire du monument historique, ce dernier "met à sa disposition" le mobilier. Il s'agit alors, au sens fiscal, d'une location meublée qui devrait conduire à une imposition du propriétaire du monument historique dans la catégorie des bénéfices industriels et commerciaux. Compte tenu de ce "risque fiscal", comment rendre compatible ce bail emphytéotique avec de telles perspectives ? Il a été suggéré par Christine Ferrari-Breeur d'avoir recours au commodat dans le cas spécifique des meubles[42]. Il serait alors opportun d'exclure les meubles du bail emphytéotique pour les intégrer dans un commodat et ce afin d'assurer une protection juridique accrue du propriétaire en cas de dégradation. Le but de ce prêt à usage ne serait pas alors constitutif d'un abus de droit fiscal mais justifié principalement par la protection du propriétaire, étant entendu que ce prêt à usage est par tradition gratuit[43].

24.- Les conséquences attachées à cette substitution mériteraient des commentaires administratifs. En effet, l'article 156 bis du CGI dispose : « Le bénéfice des dispositions de l'article 156 propres aux immeubles classés ou inscrits au titre des monuments historiques, ou ayant reçu le label délivré par la Fondation du patrimoine en application de l'article L. 143-2 du code du patrimoine, est subordonné à

---

[42] *Cf.* sa contribution dans cet ouvrage. L'article 1875 du code civil définit le prêt à usage comme « un contrat par lequel l'une des parties livre une chose à l'autre pour s'en servir, à la charge par le preneur de la rendre après s'en être servi ».

[43] V. G. Pignarre, V° Prêt, *Rép. Droit civil,* Dalloz, 2016 et E. Cruvelier, « Le prêt à usage ou commodat en droit fiscal », *JCP N* 2012, 1298.

l'engagement de leur propriétaire de conserver la propriété de ces immeubles pendant une période d'au moins quinze années à compter de leur acquisition, y compris lorsque celle-ci est antérieure au 1er janvier 2009. » À qui incombe le respect de cet engagement ? Littéralement, c'est au propriétaire du monument historique de respecter cette obligation de conservation. En d'autres termes, le premier alinéa du III de l'article 156 bis du CGI prévoit qu'en cas de non-respect de l'engagement de conservation des immeubles, le revenu global ou le revenu net foncier de l'année et des deux années suivantes est majoré du tiers du montant des charges indûment imputées. Il y a une incohérence à considérer que l'emphytéote se substitue au propriétaire pour déduire les charges inhérentes à la gestion civile d'un monument historique et à imputer au nom du propriétaire les « sanctions » envisagées par l'article 156 bis du CGI. Inversement, il serait inéquitable d'imputer à l'emphytéote une « sanction » telle que la reprise des déductions fiscales antérieures alors que le monument historique n'a pas été conservé par le propriétaire. En l'absence d'une modification législative de l'article 156 bis du CGI, c'est bien le propriétaire qui doit assumer les conséquences de cette rupture.

25.- Traditionnellement, une sanction fiscale se définit comme une obligation nouvelle visant à punir le contribuable ayant manqué à une obligation initiale tout en ayant un effet dissuasif. La remise en cause d'un régime fiscal de faveur au motif que l'une des conditions requises pour en bénéficier n'est plus remplie ne constitue pas selon une jurisprudence constante une sanction fiscale. Or le Conseil d'État a progressivement admis que l'imposition elle-même peut constituer une sanction si elle procède de la remise en cause de la déductibilité de certaines charges ou d'un abattement[44]. Toutefois, le Conseil d'État a procédé récemment à un

[44] L. Ayrault, V° Sanctions fiscales, *Jurisclasseur procédures fiscales*, Fasc. 398. 2016.

élargissement de la notion de sanction. Selon Marc Pelletier : « le Conseil d'État qualifie de sanction l'imposition elle-même, dont l'alourdissement – soit par la remise en cause d'une déductibilité de principe, soit par la perte d'un abattement – obéit à une logique punitive »[45]. En imposant un propriétaire au titre de charges qu'il n'a pas déduites, la logique punitive s'inscrit en principe cardinal sans répondre aux exigences constitutionnelles de la légalité des peines. Le recours à la théorie des utilités vient donc buter sur cette pomme de discorde.

L'adossement d'un bail emphytéotique à un monument historique est donc bien une opportunité à condition que la structure réticulaire de cette assimilation fiscale de l'emphytéote au propriétaire soit corrigée par le législateur.

Le 19 novembre 2018.

---

[45] M. Pelletier, « Vers un élargissement discret de la qualification de sanction fiscale », *Droit fiscal* 2014, n° 31-35, act. 432.

Témoignage

Le bail emphytéotique permet de belles aventures…

Laura CAPAZZA-DURAND
Grand Corps de Logis des Écuyers du Château de Nançay (preneur)

En 1975, Sophie et Gérard Capazza ont ouvert une petite galerie d'art dans le village de Nançay, en Sologne. C'est un lieu modeste, à la hauteur de leurs moyens, où ils œuvrent quotidiennement pour ce qui les engage : la défense des artistes contemporains.
Parmi les personnes qui fréquentent ce lieu, la fille des châtelains du village… Naît alors une relation d'amitié profonde et durable. En effet, les propriétaires du château souhaitent à l'époque trouver une solution pour occuper et restaurer le corps de logis attenant. Ils cherchent des porteurs de projet. Sophie et Gérard Capazza, mes parents, les aident dans un premier temps dans leur recherche, et puis vient la proposition inattendue : « Et pourquoi pas vous ? ».

Cette phrase donne lieu à une réflexion de six mois. En effet, le jeune couple vient déjà de s'endetter pour acheter la petite maison du village, et la masse des travaux à réaliser pour restaurer le Grand Corps de Logis des Écuyers du château est colossale. Gérard, plus raisonnable, s'apprête à donner une réponse négative, mais Sophie, grâce à l'enthousiasme et peut-être l'inconscience que lui confèrent ses 20 ans, s'écrie : « il faut dire oui, sinon nous le regretterons toute notre vie ! ».
C'est donc en 1978 qu'ils décident de signer, avec le propriétaire, Gérard Barbellion, un bail emphytéotique pour une durée de 99 ans. S'ensuivent trois années de travaux titanesques pour réhabiliter le lieu, avant d'en ouvrir les portes

au public en mars 1981. Le bâtiment est inscrit par la suite au titre des monuments historiques, en 1986.
Depuis lors, l'activité et la renommée de la galerie Capazza ne cessent de croître, malgré les sceptiques qui pensaient ne jamais voir aboutir le projet d'une galerie d'art contemporain au cœur de la forêt de Sologne.

Cette aventure est encore un pari quotidien, l'entretien d'un bâtiment de plusieurs milliers de mètres carrés datant du début du XVIIe siècle est un engagement perpétuel, c'est une aventure à vivre pleinement et avec passion. Une histoire de confiance mutuelle de la part du bailleur et du preneur… qui se transmet de génération en génération.
En 2009, mon époux et moi choisissons de nous engager aux côtés de mes parents. C'est en décembre 2015 qu'ils choisissent de me transmettre l'activité.
La passion combinée pour l'art et le lieu qui a permis à cette histoire d'exister n'est donc pas près de s'éteindre…

IV
La sortie du contrat

Emphytéose et monuments historiques : la sortie du contrat[1]

Romain BOFFA
Professeur à l'Université Paris-Est Créteil

1. Deux particularismes – Il faut féliciter les organisateurs de cette belle journée d'étude qui permet de confronter un contrat, le bail emphytéotique, à un bien, le monument historique. Plus précisément, nous célébrons aujourd'hui l'union de deux particularismes. En effet, l'emphytéose, par dérogation au bail ordinaire, confère un droit réel de longue durée au preneur, tandis que le monument historique est doté d'un régime spécifique, tourné vers la conservation d'un bien de haute valeur culturelle.

2. Temps et propriété – Comment ces deux particularismes se conjuguent-ils ? On peut déjà, à titre liminaire, percevoir une double convergence entre ces deux objets d'étude.

La première concerne le rapport au *temps*. La conservation d'un monument historique suppose de s'inscrire dans le temps car elle implique des investissements lourds qu'il faut pouvoir rentabiliser ou à tout le moins amortir. C'est précisément ce que permet le bail emphytéotique, ce que vient rappeler son origine historique. Il s'agissait, à Rome, de permettre à des propriétaires de grands domaines mal cultivés, de concéder des baux de longue durée pour se débarrasser des charges qui les grevaient. Le moins que l'on puisse dire est que le monument historique est un immeuble sur lequel pèsent de lourdes charges.

[1] Le style oral a été conservé.

La seconde convergence concerne le rapport à la *propriété*. À rebours de l'absoluité qui semble se dégager de l'article 544 du code civil, la propriété d'un monument historique est une propriété affectée. Le bien, doté d'une valeur culturelle qui dépasse les intérêts de son propriétaire, doit être transmis aux générations futures. Il est grevé d'une servitude d'utilité publique, ce qui entraîne une dissociation entre la propriété (privée) et la gestion, mâtinée d'intérêt général. On retrouve cette idée dans le bail emphytéotique. Le preneur a un droit réel sur l'immeuble, mais il n'est pas propriétaire de l'immeuble. Le bailleur, de son côté, n'est plus pleinement propriétaire du bien, puisqu'il est dépossédé de sa jouissance et de sa gestion, et ce pour au moins une génération (18 ans). Notre journée d'étude – mais pouvait-il en être autrement ? – nous ramène au passé et fleure bon la distinction médiévale entre le domaine éminent et le domaine utile.

3. Fin du contrat – Cependant, même les relations de longue durée ont une fin. Tel est le thème qui m'a été confié, celui de la sortie du contrat. L'idée générale, s'agissant de la fin du contrat, est que le bail emphytéotique, qui constitue un bail de longue durée conférant un droit réel au preneur, est irréductible au bail de droit commun. Parce que le preneur est titulaire d'un droit réel, la sortie du contrat est placée sous le signe de la liberté. Il convient alors de se demander si ce régime libéral de sortie du bail emphytéotique est adapté à la conservation des monuments historiques.

4. Cession et cessation du contrat – La sortie de la relation contractuelle peut s'opérer de deux manières. En premier lieu, elle peut s'opérer par une cession de contrat : dans ce cas, le bail emphytéotique se poursuit, mais avec un tiers (**I**). En second lieu, la sortie se réalise par une cessation du contrat : dans ce cas, il est mis fin au contrat, ce qui affecte le sort du monument historique (**II**).

I. La cession de contrat

5. Cession par le preneur – Nous laisserons de côté la cession de contrat à l'initiative du bailleur, sauf à souligner qu'elle permet de mettre en évidence l'intérêt du bail emphytéotique. Même si le propriétaire transfère la propriété de son bien, le droit réel du preneur se poursuit : la conservation du monument historique est donc préservée, en dépit du changement de propriétaire[2]. Mais c'est surtout la cession à l'origine du preneur qui nous retiendra : le preneur dispose d'un droit réel sur l'immeuble et non d'un simple droit de créance. La jurisprudence en déduit le principe de libre cession de l'emphytéose (**A**). Cette position jurisprudentielle doit être reconsidérée *de lege ferenda* en matière de monuments historiques (**B**).

A. *De lege lata*

6. Liberté ! – Aux termes de l'article L. 451-1 du code rural et de la pêche maritime, « le bail emphytéotique de biens immeubles confère au preneur un droit réel susceptible d'hypothèque ; ce droit peut être cédé et saisi dans les formes prescrites pour la saisie immobilière ». On voit donc que la faculté pour le preneur de céder son bail participe de la définition même de l'emphytéose. Dans ce cadre, la jurisprudence considère que le droit de libre cession énoncé par l'article L. 451-1 du code rural constitue un des caractères essentiels du bail emphytéotique[3]. Celui-ci suppose chez les parties la volonté de créer au profit du preneur un véritable droit réel susceptible d'être cédé.

---

[2] On parvient en réalité au même résultat dans le bail ordinaire, par application de l'article 1743 du code civil, qui constitue une dérogation au principe de l'effet relatif du contrat. Nul besoin d'une exception pour le bail emphytéotique, dès lors qu'il ne s'agit pas de la circulation du lien obligationnel, mais du transfert de l'opposabilité du droit réel au nouveau propriétaire.

[3] Cass. 3e civ., 12 déc. 1978, *D.* 1979, IR 220.

7. Élément essentiel du contrat – Dès lors, un bail de longue durée ne peut être qualifié de bail emphytéotique dès lors qu'il n'est pas librement cessible. Il en va ainsi lorsqu'une clause interdit au preneur toute cession[4], ou encore impose le consentement du bailleur si elle s'accompagne d'une modification de l'activité commerciale[5]. De même, la clause qui soumet de manière générale la cession ou la sous-location à l'autorisation du bailleur disqualifie le bail[6]. Une telle disqualification n'est pas neutre. En effet, la convention pourra alors revêtir la qualification de bail commercial ou de bail d'habitation, avec toutes les conséquences que cela entraîne : droit au maintien dans les lieux, indemnité d'éviction, accession différée, application de l'article 555 au terme du bail…

8. Sous-location – Il en est de même en matière de sous-location. Lorsqu'une clause permet au bailleur de contrôler la sous-location du contrat, cela a pour effet de disqualifier le bail "emphytéotique" en bail ordinaire, et notamment en bail commercial statutaire, et même d'engager la responsabilité du rédacteur d'acte[7].
Une telle liberté reconnue au preneur pour céder son bail ou sous-louer les lieux est-elle adaptée à la conservation des monuments historiques ? Cela n'est pas certain, ce qui suppose, *de lege ferenda,* de reconsidérer la jurisprudence de la Cour de cassation.

B. *De lege ferenda*

9. *Intuitus personae* – Cette jurisprudence pose difficulté en matière de monuments historiques : le propriétaire, qui est attaché à la conservation du monument historique, est

[4] Cass. 3e civ., 15 mars 1983, *Bull. civ.* III, n° 74.
[5] Cass. 3e civ., 10 avr. 1991, *RJDA*, juin 1991, n° 471 ; *D.* 1992. 375, note J.-M. Le Masson.
[6] Cass. 3e civ., 7 avr. 2004, *D.* 2004. 183 ; *Rev. loyers* 2004, n° 849, p. 503.
[7] CA Versailles, 29 nov. 1990, *Gaz. Pal.* 1995. 1, somm. 63.

dépossédé de tout droit de regard sur le repreneur. Or, il y a un fort *intuitus personae* en matière de monuments historiques, car il faut s'assurer que le preneur a la volonté et la capacité de protéger l'édifice. Ne pourrait-on pas à tout le moins stipuler une clause d'agrément, qui n'interdit pas la cession, mais qui suppose que le cessionnaire soit agréé par le propriétaire des lieux ?

10. Clause d'agrément – Telle était la thèse défendue par un demandeur au pourvoi dans l'hypothèse proche du bail à construction, qui confère, comme le bail emphytéotique, un droit réel au preneur. Voilà la réponse de la Cour de cassation : « la clause contenue dans un bail à construction et soumettant la cession du bail à l'agrément du bailleur est nulle et de nul effet, parce qu'elle constitue une restriction au droit de céder du preneur contraire à la liberté de cession »[8]. Cette jurisprudence suscite l'étonnement : en effet, la qualification de droit réel n'est pas antinomique avec la restriction de la cession. Pour s'en convaincre, il ne faut pas perdre de vue que le bail de longue durée est fondamentalement, comme les servitudes ou l'usufruit, un droit sur la chose d'autrui. Le titulaire d'un bail n'acquiert, à la différence d'un propriétaire, aucune exclusivité sur la chose. Il exerce des prérogatives – limitées et temporaires – non sur sa propre chose, mais sur la chose d'autrui. Par suite, le caractère réel du droit n'interdit pas en lui-même au maître de la chose de restreindre la cession de son droit. La liberté contractuelle et l'article 544 du code civil commandent une telle solution. Au reste, on sait qu'en cas d'usufruit, le propriétaire peut parfaitement restreindre conventionnellement le droit de l'usufruitier de céder son droit. Mais il est possible d'aller encore plus loin.

11. Intérêt sérieux et légitime – Même le droit de propriété peut être aménagé conventionnellement. On sait que l'article

[8] Cass. 3e civ., 24 sept. 2014, n° 13-22357.

900-1 du code civil autorise les clauses d'inaliénabilité dans les actes gratuits et que la Cour de cassation en a fait application en matière d'actes onéreux[9]. Le propriétaire du bien subit de plein fouet une restriction à son droit de disposer, qui est encore plus lourde que pour le preneur, dans la mesure où il est privé de la possibilité même de transférer son droit pendant la durée de la clause. Certes, la clause d'inaliénabilité doit être temporaire et correspondre à un intérêt sérieux et légitime, mais elle montre bien que la libre cession du droit n'est pas de l'essence du droit réel, puisqu'elle n'est même pas attachée à la propriété. Et que dire encore des clauses d'agrément imposées aux propriétaires de droits sociaux ? Ne pourrait-on pas considérer qu'il y a un intérêt sérieux et légitime en matière de monuments historiques ? En effet, dans cette hypothèse, le droit réel n'est pas seulement affecté aux intérêts égoïstes du preneur. Bien au contraire, le preneur doit assurer la conservation d'un intérêt qui le dépasse : la préservation d'un élément du patrimoine culturel. Il paraîtrait légitime de permettre d'introduire dans les baux emphytéotiques de monuments historiques une clause d'agrément.

Cependant, en l'état du droit positif, une telle restriction au droit du preneur de disposer de son bail n'est pas admise. On peut donc souhaiter une évolution jurisprudentielle sur la question ou, s'il le faut, une intervention législative. Des difficultés analogues se retrouvent à propos de la cessation du contrat.

II. La cessation du contrat

De nouveau, la nature réelle du droit du preneur crée des difficultés en matière de monuments historiques, que ce soit du point de vue des conditions (**A**) ou des effets (**B**) de la cessation du contrat.

---

[9] Cass. 1re civ., 31 oct. 2007, n° 05-14238.

A. Les conditions

12. Arrivée du terme – Lorsque la relation contractuelle arrive à son terme, le bail prend fin. Est-il possible de procéder à une poursuite de la relation contractuelle par l'effet d'une tacite reconduction ? De nouveau, le bail emphytéotique révèle sa spécificité. Ainsi, selon l'article L. 451-1 alinéa 2 du code rural et de la pêche maritime, le bail emphytéotique ne peut être prolongé par tacite reconduction, et ce par dérogation à l'article 1215 du code civil. En dépit de cette règle, une décision isolée de juges du fond a reconnu la validité d'une clause contractuelle de tacite reconduction en considérant que « si le bail emphytéotique ne peut se prolonger par tacite reconduction, il n'est pas formellement interdit aux parties, dont la convention est la loi, de stipuler le contraire et de prévoir expressément sa reconduction dans certaines conditions »[10]. Mais ce n'est là qu'une décision des juges du fond, de sorte que la prudence s'impose pour les rédacteurs d'acte. Une telle reconduction tacite nous semble peu adaptée aux monuments historiques, dès lors qu'il s'agit en pratique de contrats de très longue durée, de sorte que le temps fait son œuvre : il est possible que le nouveau propriétaire (héritage) ne connaisse pas l'existence du bail. En présence d'une reconduction expresse, celle-ci ne saurait permettre d'enjamber la limite des 99 ans prévue par le législateur. Si les contractants entendent voir le siècle d'après, ils devront conclure un nouveau bail.

13. Rupture anticipée : révocation – Une rupture anticipée du contrat est possible. On doit envisager en premier lieu la révocation, qui est la décision de mettre fin au contrat, indépendamment de toute inexécution. Aux termes de l'article 1212 du code civil, lorsque le contrat est conclu pour une durée déterminée, chaque partie doit l'exécuter jusqu'à son terme. Cette impossibilité de mettre unilatéralement fin au

---

[10] CA Limoges, 26 juin 2003, *Constr.-urb.*, mai 2004, p. 15.

contrat, qui ressort à la théorie générale du contrat, est de l'essence même du bail emphytéotique. La convention ne saurait reconnaître une faculté de résiliation triennale au gré du preneur[11] ou une faculté pour le bailleur de résilier le bail pour vendre ou démolir[12]. Une telle impossibilité n'est pas problématique en matière de monuments historiques, dès lors que la conservation s'inscrit, comme nous l'avons vu, dans le temps.

14. Rupture anticipée : résiliation – À la différence de la révocation, la résiliation est la sanction de l'inexécution du contrat. L'article L. 451-5 du code rural prévoit qu'à défaut de paiement de deux années consécutives, le bailleur est autorisé, après une sommation restée sans effet, à faire prononcer en justice la résolution de l'emphytéose. La résolution peut également être demandée par le bailleur en cas d'inexécution des conditions du contrat ou si le preneur a commis sur le fonds des détériorations graves. Néanmoins, les tribunaux peuvent accorder un délai suivant les circonstances. Dans ce cadre, la Cour de cassation interdit le recours aux clauses résolutoires en matière de bail emphytéotique : « une clause de résolution de plein droit confère à la jouissance du preneur une précarité incompatible avec la constitution d'un droit réel »[13]. Là encore, une telle solution est source de difficultés en matière de monuments historiques. Il pourrait être judicieux de stipuler une clause résolutoire, qui permet d'éviter le recours au juge, notamment en cas de dégradation des lieux, ou de manquement à l'obligation de conservation du monument.

15. Résiliation unilatérale – Si la clause résolutoire n'est pas possible, peut-on à tout le moins permettre au bailleur de mettre unilatéralement fin au contrat à ses risques et périls ?

[11] CA Paris, 25 févr. 1982, *Gaz. Pal.*, 1982., 1. 207, note J. Viatte.
[12] Cass. 3e civ., 15 mai 1991, *D.* 1991, somm. 304, obs. A. Robert ; *RJDA*, juill. 1991, n° 577.
[13] Cass. 3e civ., 14 nov. 2002, n° 01-13904.

L'article L. 451-5 semble exiger une résolution judiciaire. Cependant, on sait que la réforme du droit des obligations a consacré la faculté pour le créancier d'une obligation inexécutée de mettre unilatéralement fin au contrat. Ainsi, l'article 1226 dispose que le créancier peut, à ses risques et périls, résoudre le contrat par voie de notification. Sauf urgence, il doit préalablement mettre en demeure le débiteur défaillant de satisfaire à son engagement dans un délai raisonnable. Lorsque l'inexécution persiste, le créancier notifie au débiteur la résolution du contrat et les raisons qui la motivent. Le débiteur peut à tout moment saisir le juge pour contester la résolution. Le créancier doit alors prouver la gravité de l'inexécution. Ce texte s'applique, selon nous, au bail emphytéotique. En effet, l'article 1105 alinéa 3 du code civil prévoit que les règles générales s'appliquent sous réserve des règles spéciales. Or, il n'existe aucune incompatibilité entre le droit commun et le droit spécial. Le bail emphytéotique, même s'il n'est pas un bail ordinaire, reste un contrat, soumis comme tel à la théorie générale des contrats. La résolution unilatérale ne confère pas à la convention un caractère précaire, dans la mesure où elle ne résulte pas d'une clause contractuelle et vient sanctionner, en cours d'exécution, le manquement du preneur à ses obligations. Nul doute que la consécration d'une telle faculté de résiliation unilatérale en cas de méconnaissance par le preneur de ses obligations renforcerait la préservation des monuments historiques.

B. Les effets

16. Changement de statut – Nous venons de voir que tant qu'il n'est pas mis fin au contrat, le bail emphytéotique est très favorable au preneur : l'existence d'un droit réel lui permet de céder librement son droit, ou encore de ne pas avoir à subir une clause résolutoire. Mais une fois le contrat expiré, le droit réel s'éteint et l'absence de droit de créance à l'égard du bailleur entraîne cette fois des conséquences qui lui sont défavorables. On peut percevoir deux manifestations de ce statut précaire.

17. Absence de renouvellement ou d'indemnisation – En premier lieu, l'emphytéote ne bénéficie d'aucun droit à renouvellement ou à indemnité du fait de sa cessation d'une activité dans les lieux, quelle que soit la nature de celle-ci ; en outre, il ne bénéficie d'aucun droit au maintien dans les lieux[14]. De même si des sous-locations ou des conventions ont été consenties par le preneur, elles prennent fin, sans que le tiers puisse invoquer la théorie de l'apparence.

18. Éviction de l'article 555 – En outre et surtout, l'article L. 145-7 du code rural et de la pêche maritime prévoit que si le preneur fait des améliorations ou des constructions qui augmentent la valeur du fonds, il ne peut les détruire, ni réclamer à cet égard aucune indemnité. Il s'agit là d'une dérogation aux règles de l'article 555 du code civil, qui prévoient une indemnité au profit du constructeur, de bonne comme de mauvaise foi, lorsque le propriétaire bénéficie de constructions réalisées sur son fonds. Certes, il est possible de stipuler dans le bail emphytéotique une indemnité, mais celle-ci ne doit pas remettre en cause le fait que la rémunération du bailleur résulte essentiellement de ce que l'acquisition de la propriété des constructions se fait sans contrepartie. Tel est le prix du canon, ce loyer très faible versé par le preneur. De nouveau, ce régime n'est pas toujours adapté aux monuments historiques. Quand les investissements sont très lourds et qu'il n'est pas possible de les rentabiliser par une exploitation économique des lieux, la situation du preneur peut être, au terme du bail, très largement déficitaire. Cela peut en outre l'inciter à laisser se dégrader les lieux, car il sait qu'il n'aura droit à rien. L'existence d'un monument historique devrait

[14] Cass. 3e civ., 19 févr. 2014, n° 12-19270.

pouvoir justifier, selon les circonstances, la possibilité de prévoir un intéressement du preneur aux améliorations.

19. Un nouveau droit réel ? – En définitive, il apparaît que le régime du bail emphytéotique n'est pas, en l'état du droit positif, totalement adapté aux monuments historiques. Cela conduit l'observateur à se tourner vers d'autres montages contractuels. Eu égard à l'absence de *numerus clausus* des droits réels, il pourrait être possible de créer un droit réel de jouissance et de conservation d'un monument historique, dont le régime serait construit sur mesure. Comme le droit serait concédé en fonction de son affectation à la conservation et à la valorisation d'un monument historique, cela justifierait des restrictions à la cession, une clause résolutoire ou encore des mécanismes d'indemnisation du preneur au terme du bail. Mais c'est déjà empiéter sur la table ronde suivante. Et l'empiètement est, on le sait, très sévèrement sanctionné en droit des biens.

Le 24 février 2019.

La sortie du contrat : les aspects fiscaux[1]

Emmanuel GALIFER
Avocat à la Cour
Associé du Cabinet Fairway

Du point de vue fiscal, deux types de sortie du contrat de bail emphytéotique méritent l'examen : la fin du bail emphytéotique avec le retour de l'immeuble au bailleur, d'une part, et la cession à titre onéreux ou gratuit de la qualité de bailleur ou de preneur, d'autre part.

I. La fin du bail emphytéotique avec le retour de l'immeuble au bailleur

Au terme du bail, le bailleur récupère la disposition du bien donné en emphytéose.
Par principe pour notre exposé, le bailleur est censé récupérer un bien amélioré, voire éventuellement des constructions nouvelles. À défaut en effet, la question de savoir si le bailleur est, le cas échéant, imposé sur la différence de valeur entre ce qu'il avait donné en location et le ou les biens qu'il récupère au terme du bail emphytéotique ne se pose pas.
De ce point de vue, il convient d'analyser les conséquences du retour au bailleur des améliorations et constructions nouvelles en matière d'impôt sur le revenu, de droits d'enregistrement et, le cas échéant, de taxe sur la valeur ajoutée.

A. En matière d'impôt sur le revenu

À titre liminaire, je précise qu'il ne sera question dans les propos qui suivent que des conséquences affectant le bailleur

[1] La forme orale a été conservée.

particulier privé à l'exclusion de tous les autres dont le sort fiscal ne nous intéresse pas dans le cadre du présent colloque. Notamment, la question de la soumission à l'impôt sur le revenu en fin de bail du bailleur public qui récupère un monument historique se pose évidemment avec moins de prégnance que celle du bailleur particulier privé dans la même situation.

D'emblée, disons également que nous n'aborderons pas, dans cette partie et les suivantes, le cas du retour des améliorations et nouvelles constructions au bailleur contre indemnité. En effet, dans ce cas-là, il ne s'agit ni plus ni moins d'une vente qui, en matière d'impôt sur le revenu, n'a aucune conséquence sur la détermination du revenu imposable du bailleur[2] et, dans les autres matières (droits d'enregistrement, TVA) sera traitée comme telle.
La question se pose donc de savoir si le retour gratuit de l'immeuble au terme du bail emphytéotique est susceptible d'être un fait générateur d'impôt sur le revenu pour le bailleur. Il n'existe à notre connaissance aucun texte spécifique sur la question.
Au sujet des fondements possibles d'une telle imposition à la charge du bailleur, je n'en vois que deux : l'article 29 du code général des impôts (ci-après le CGI) sur l'assiette du revenu foncier, d'une part, et la construction doctrinale et jurisprudentielle sur les *constructions sur sol d'autrui*, d'autre part.

1. En premier lieu, écartons rapidement l'article 29 du CGI qui aurait pu apparaître comme un fondement d'imposition du bailleur au titre des travaux réalisés par le preneur.
L'article 29 du CGI prévoit en effet que « le revenu brut des immeubles ou parties d'immeubles donnés en location, est constitué par le montant des recettes brutes perçues par le propriétaire, augmenté du montant des dépenses incombant

2 BOI-RFPI-BASE-10-30 n° 20.

normalement à ce dernier et mises par les conventions à la charge des locataires ». L'administration précise à cet égard qu'il s'agit du « montant des dépenses incombant de droit au propriétaire, mais dont le paiement est, par l'effet des conventions, imposé au locataire »[3]. Or, selon l'article L 451-8 du code rural et de la pêche maritime (ci-après le code rural), « le preneur [d'un bail emphytéotique] est tenu de toutes les contributions et charges de l'héritage ».
Autrement dit ces dépenses n'incombent pas au bailleur. Dans le cadre d'un bail emphytéotique, elles incombent légalement au preneur et ne peuvent donc à aucun moment, que ce soit en cours de bail ou en fin de bail, venir majorer les revenus du bailleur. Il en est de même en cas d'engagement du preneur de réaliser ces travaux dans le contrat de bail emphytéotique dès lors qu'en toute hypothèse ces travaux n'incombent pas au bailleur pendant la durée du bail.

2. En second lieu, c'est sur le terrain de la théorie des constructions réalisées par le preneur sur le sol d'autrui qu'un fondement d'imposition pourrait être trouvé.
Il existe en effet toute une construction jurisprudentielle et doctrinale élaborée sur la base des dispositions de l'article 555 du code civil.
Pour rappel, cet article prévoit en substance qu'en cas de constructions par un tiers avec ses propres matériaux sur le fonds d'autrui, le propriétaire du fonds a le choix d'obliger le tiers à enlever les constructions ou d'en conserver la propriété. Dans le premier cas, le tiers ne pourra demander aucune indemnité et pourra même, le cas échéant, être condamné à des dommages et intérêts pour le préjudice causé au propriétaire. Dans le second cas, s'il préfère conserver les constructions, le propriétaire devra, à son choix, rembourser au tiers, soit une somme égale à celle dont le fonds a augmenté de valeur, soit le coût des matériaux et le prix de la main-

[3] BOI-RFPI-BASE-10-20 n° 40.

d'œuvre estimés à la date du remboursement, compte tenu de l'état dans lequel se trouvent lesdites constructions. Les dispositions de cet article n'étant pas d'ordre public, les parties jouissent d'une totale liberté pour organiser le sort des constructions qui seront édifiées par le locataire sur le fonds du propriétaire.

Dans ce cadre, la jurisprudence et la doctrine s'accordent pour distinguer selon que le contrat de bail prévoit le retour gratuit des aménagements et constructions réalisés par le preneur ou selon qu'il ne prévoit rien.

- Dans le premier cas, il est de jurisprudence constante que les aménagements ou constructions réalisés par le preneur constituent un supplément de loyer imposable entre les mains du bailleur au titre de l'année d'expiration ou de résiliation du bail, c'est-à-dire au titre de l'année au cours de laquelle le bailleur récupère la disposition du bien[4].

Selon l'administration, le profit imposable est égal à la *valeur réelle* des aménagements et constructions à la date à laquelle ils reviennent au bailleur[5].

- Dans le second cas, en l'absence de disposition expresse du bail, le Conseil d'État considère depuis un arrêt de 1975 que les aménagements réalisés par le locataire de sa propre initiative et qu'il abandonne gratuitement reviennent au bailleur sans générer dans le chef de celui-ci de revenu imposable[6].

Le considérant de principe de cet arrêt est le suivant :

« Considérant […] qu'à supposer que l'existence de ces aménagements ait été avantageuse pour le propriétaire et que la valeur de cet avantage ait été égale à la fraction non encore amortie du prix de revient des aménagements pour la société locataire, l'avantage ainsi procuré au sieur X, ne pouvant consister qu'en l'éventualité d'obtenir ultérieurement un loyer plus élevé d'un autre locataire ou, de manière générale, une

[4] CE 6-11-1993 n° 69943-69944-69945 plén, *Gros* : RJF 3/93, n° 364.

[5] BOI-RFPI-BASE-10-30, n° 20.

[6] CE 15-1-1975 n° 90302, 7e et 8e s.-s. : *RJF* 3/75, n° 119.

augmentation de la valeur vénale de l'immeuble, n'avait pas le caractère d'un revenu foncier imposable au titre de l'année 1967 ».

Or, pour les baux emphytéotiques, cette distinction n'est pas pertinente dès lors que le retour gratuit n'est pas prévu par la convention de bail mais par la loi.

Et d'ailleurs, il est notable de constater qu'aucune des jurisprudences fiscales rendues sur le terrain des constructions réalisées par le preneur dans ou sur des biens appartenant au bailleur ne concerne le bail emphytéotique.

En effet, l'article L 451-7 du code rural prévoit à défaut de convention contraire que :

« Le preneur ne peut opérer dans le fonds aucun changement qui en diminue la valeur.

Si le preneur fait des améliorations ou des constructions qui augmentent la valeur du fonds, il ne peut les détruire, ni réclamer à cet égard aucune indemnité ».

Il convient donc à notre avis d'opérer une distinction différente selon que les travaux effectués par le locataire sont expressément prévus par la convention de bail emphytéotique ou non, et dans la première hypothèse, selon qu'ils vont ou non au-delà des obligations du locataire prévues par l'article L 451-8 du code rural déjà cité selon lequel :

« Le preneur est tenu de toutes les contributions et charges de l'héritage.

En ce qui concerne les constructions existant au moment du bail et celles qui auront été élevées en exécution de la convention, il est tenu des réparations de toute nature[7], mais il n'est pas obligé de reconstruire les bâtiments, s'il prouve qu'ils ont été détruits par cas fortuit, par force majeure ou qu'ils ont péri par le vice de la construction antérieure au bail. Il répond de l'incendie, conformément à l'article 1733 du code civil ».

[7] Souligné par l'auteur.

a) Dans le premier cas, si une obligation de travaux est imposée au locataire qui va au-delà de ses obligations prévues par l'article L 451-8 du code rural, le retour des travaux et constructions, le cas échéant, pourra être considéré comme un canon exceptionnel à hauteur de l'amélioration.
En pratique, cela est susceptible de soulever de réelles difficultés d'évaluation, pour les travaux de restauration selon leur consistance et eu égard à la durée du bail emphytéotique.
L'administration sera peut-être tentée de considérer la *survaleur* comme un revenu avec là également une réelle difficulté de calcul ou d'évaluation, notamment au regard de la référence à retenir pour déterminer ce qui correspond à la *survaleur*.
Le cas échéant, selon la nature et la consistance de l'obligation de construire, le bail emphytéotique pourrait être requalifié en bail à construction et en suivre alors le régime. Ce cas devrait toutefois en pratique être marginal.
Pour rappel, conformément à l'article L 251-1 du code de la construction et de l'habitation :
« Constitue un bail à construction le bail par lequel le preneur s'engage, à titre principal[8], à édifier des constructions sur le terrain du bailleur et à les conserver en bon état d'entretien pendant toute la durée du bail ».
Comme pour le bail emphytéotique, il est conclu pour une durée comprise entre 18 ans et 99 ans et il confère au locataire un droit réel immobilier librement cessible.
En substance :

i. Si la durée du bail est supérieure à 30 ans, la remise gratuite en fin de bail des constructions ne donne lieu à aucune imposition.

ii. Si la durée du bail est comprise entre 18 ans et 30 ans, la remise de la construction s'analyse comme un supplément de loyer constitutif d'un revenu foncier imposable. Le revenu est égal au prix de revient des constructions sous déduction d'une

[8] Souligné par l'auteur.

décote de 8 % par année de bail au-delà de la 18e. L'imposition est en principe due à la fin du bail initial mais elle peut être échelonnée sur 15 ans.

b) Dans le second cas, qui devrait en pratique être le plus courant, si aucuns travaux spécifiques ne sont imposés au preneur du bail emphytéotique, les travaux et constructions que ce dernier réalisera de sa propre initiative devraient revenir gratuitement au bailleur sans générer d'imposition au titre d'un quelconque revenu.

Cela étant, tout n'est pas totalement perdu pour le fisc puisque les travaux et constructions qui n'auront pas été imposés à la fin du bail seront susceptibles de l'être en cas de cession ultérieure par prise en compte dans la plus-value qui sera réalisée, le cas échéant, en cas de cession à titre onéreux ou dans la valeur déclarée des biens en cas de donation ou succession.

À cet égard, l'administration indique, pour les constructions reçues par voie d'accession, qu'il convient de retenir leur prix de revient et dans le cas où une indemnité est prévue, il convient de retenir cette dernière si son montant est supérieur au prix de revient des constructions pour le preneur[9]. De même, l'abattement pour durée de détention relatif à la fraction de la plus-value afférente à ladite construction devrait être décompté à compter de la date d'expiration du bail, initial ou prorogé, ou de sa résiliation anticipée[10].

B. En matière de droits d'enregistrement

En cette matière, la fin du bail emphytéotique à son terme ou de manière anticipée n'a en principe pas de conséquence particulière.

Ce n'est que dans le cas d'une *construction nouvelle* que le transfert de celle-ci au bailleur à la fin du bail emphytéotique

---

[9] BOI-RFPI-PVI-20-10-20-10 n° 170.

[10] BOI-RFPI-PVI-20-20 n° 40.

pourra donner lieu au paiement de la taxe de publicité foncière au taux réduit[11].
En revanche, dans l'hypothèse où le bail devrait être qualifié de *bail à construction* en raison des obligations mises à la charge du preneur, alors le transfert des immeubles en fin de bail au bailleur pourrait être exonéré de taxe de publicité foncière conformément aux dispositions du 1 de l'article 743 du CGI[12].

C. En matière de TVA

Le point de savoir si la fin du bail est susceptible d'avoir des conséquences en matière de TVA dépendra essentiellement de l'étendue des travaux réalisés par le locataire sur l'immeuble et si le locataire a déduit la TVA afférente à ces travaux dans le cadre de son activité professionnelle.
Les conséquences dont il s'agit ici concernent uniquement le preneur.
En l'absence de déduction de la TVA, la fin du bail n'aura aucune conséquence.
En cas de déduction en revanche, le preneur sera amené au terme du bail emphytéotique à procéder à la régularisation du droit à déduction dont il a bénéficié sur la TVA qui a grevé les constructions et travaux (immobilisés) réalisés depuis moins de 20 ans. Conformément à l'article 207, III-3 de l'annexe II au CGI, la TVA ainsi régularisée pourra le cas échéant être transférée au bailleur bénéficiaire du droit de reprise de l'immeuble, sous réserve que celui-ci l'immobilise à son tour[13].

---

11 BOI-ENR-DMTOI-10-60 n° 140.
12 BOI-ENR-DMTOI-10-60 n° 150.
13 BOI-TVA-IMM-10-30 n° 390 – le transfert du droit à déduction suppose que le bailleur soit assujetti à la TVA.

II. La cession à titre onéreux ou à titre gratuit de la position de bailleur ou de preneur

Les conséquences fiscales de la cession à titre onéreux ou à titre gratuit de la position de bailleur ou de preneur n'appellent pas de commentaire particulier dès lors qu'il s'agit de part et d'autre de la cession d'un droit réel portant sur un immeuble qui suivra de manière générale le régime fiscal bien connu s'appliquant en la matière aux cessions portant sur les immeubles, que ce soit en matière d'imposition de la plus-value ou s'agissant des droits d'enregistrement.

Seule me semble d'intérêt, la question du bénéfice de l'exonération prévue par l'article 795 A du CGI en matière de droits de mutation à titre gratuit en cas de donation ou succession portant sur un monument historique même si, malheureusement, il ne nous sera pas possible de nous étendre longuement sur cette question.

Pour mémoire, l'article 795 A du CGI prévoit une exonération des droits de mutation à titre gratuit en cas de donation ou succession portant sur un monument historique sous réserve que les héritiers et donataires concluent une convention à durée indéterminée avec l'État par laquelle ils s'engagent à entretenir et ouvrir le monument au public.

Or, en l'état actuel du texte et au regard de ses modalités de mise en œuvre de l'exonération, le dispositif ne semble pouvoir s'appliquer qu'en cas de détention de la pleine propriété des immeubles ou de parts de sociétés civiles détenant elles-mêmes lesdits immeubles.

Une adaptation préalable du texte par le législateur semble donc indispensable à son application aux parties à un bail emphytéotique portant sur un monument historique.

Le 22 février 2019.

La sortie du contrat de bail emphytéotique : aspects de droit public

Line TOUZEAU-MOUFLARD
Maîtresse de conférences en droit public
Université de Reims Champagne-Ardenne – CRDT

Saint Michael's Mount, petite île du sud-ouest de l'Angleterre sur laquelle ont été édifiés un château et une église, est l'objet d'un bail prévu pour 999 ans[1]. La longue durée du bail emphytéotique constitue probablement la caractéristique cardinale de ce contrat conclu au minimum pour 18 ans[2]. Pour autant, un contrat tel que celui de *Saint Michael's Mount* est impensable en droit français[3] et il convient d'en envisager la sortie, qu'elle soit à terme – 99 ans au maximum[4] – ou anticipée. La sortie du contrat de bail emphytéotique portant sur un monument historique génère des interrogations multiples quant à la préservation des intérêts du monument. Ces interrogations tiennent à la motivation comme aux conséquences de la sortie, qui concernent l'un des cocontractants (le contrat se poursuit avec un tiers) ou les deux (un terme est mis au contrat). Parmi les motifs invocables, outre le terme prévu au contrat qui, en raison

---

[1] Bail consenti en 1954, avec un droit d'exploitation commerciale, par le *National Trust* à l'ancien propriétaire en échange de la propriété du bien. V. C. de Noblet, « Trois exemples européens », *Demeure Historique*, n° 207, dossier « Le bail emphytéotique, une opportunité pour les monuments historiques », déc. 2017, p. 41.

[2] Art. L. 451-1 code rural et de la pêche maritime.

[3] Rappelons, sans nous prononcer sur la qualification d'un contrat de 999 ans, la prohibition des engagements perpétuels, article 1210 du code civil. V. F. Rizzo, « Regards sur la prohibition des engagements perpétuels », *Dr. et patr.* 1/2000, n° 78, p. 60.

[4] L'alinéa 2 de l'article L. 451-1 du code rural précise qu'il ne peut se prolonger par tacite reconduction.

même de cette prévision, est le moins problématique, il faut songer à des arguments économiques, politiques, familiaux, manifestant la volonté d'une seule partie ou les volontés parfois concordantes, parfois discordantes, des deux parties. La protection du monument elle-même justifie-t-elle la fin du bail ? Est-elle à tout le moins prise en compte par les dispositions organisant la cessation du contrat ? Les conséquences qu'emporte la sortie du bail interpellent aussi. Sans prétendre à l'exhaustivité en raison de la diversité des situations (objet du bail, obligations du preneur, contrats annexes, etc.), songeons à l'état du monument, au sort des constructions nouvelles, à la possibilité de l'indemnisation des améliorations ou à l'inverse des dégradations. En somme, la sortie du bail emphytéotique garantit-elle la protection du monument historique ? N'est-elle pas susceptible de remettre en cause l'objet du contrat, tel que la gestion ou la valorisation du monument ? Il ne paraît pas superfétatoire de rappeler que le monument historique n'est pas uniquement un immeuble objet d'un bail emphytéotique destiné au mieux à l'entretenir, le restaurer, le valoriser ou l'exploiter ; il reste à titre principal l'objet d'une protection, classement ou inscription au titre des monuments historiques[5], qui vise en premier lieu sa conservation. Ces questions se posent avec acuité dès lors que le droit public est convoqué.

Le contrat de bail emphytéotique tel qu'envisagé ici revêt un caractère administratif dans deux hypothèses[6]. La première est celle du contrat administratif par détermination de la loi, à savoir le bail emphytéotique administratif (BEA), les cas intéressant les monuments historiques relevant à notre sens[7]

---

[5] Art. L. 621-1 et s. et L. 621-25 et s. du code du patrimoine.

[6] Par souci de simplification, nous emploierons la formule « bail emphytéotique dit administratif » pour recouvrir les deux hypothèses, réservant la formule « bail emphytéotique administratif » aux seuls cas prévus par la loi.

[7] Nous excluons par exemple les baux hospitaliers, même s'ils peuvent concerner un immeuble protégé au titre des monuments historiques. Pour une présentation exhaustive des baux emphytéotiques administratifs, v.

de l'article L. 1311-2 du code général des collectivités territoriales[8] (pour les immeubles des collectivités territoriales, de leurs établissements et de leurs groupements) et de l'article L. 2341-1 du code général de la propriété des personnes publiques (pour les immeubles appartenant à l'État ou certains établissement publics). Le bailleur est alors public, le bien une dépendance du domaine public ou du domaine privé, le preneur public ou privé[9]. La seconde hypothèse est celle du contrat administratif par application de critères jurisprudentiels présentés, classiquement, comme l'addition d'un critère organique – présence d'au moins une personne publique ou d'une personne privée agissant pour elle – et d'un critère matériel – objet du contrat ou exorbitance de l'une au moins de ses clauses. Ainsi des baux relevant de l'article L. 451-1 du code rural et de la pêche maritime pourraient se voir appliquer de surcroît les règles du droit administratif, par exemple si le contrat incluait au profit de la personne publique une clause de contrôle des activités du preneur[10]. Bien que les répercussions sur le contrat soient moins fortes, cette étude ne peut écarter ces cas de figure : bailleur public, bien du domaine privé, preneur public ou privé ; bailleur privé, bien privé, preneur public.

Le caractère administratif du contrat a une incidence sur la sortie du bail parce qu'il peut alternativement la compliquer ou la faciliter, au bénéfice ou au détriment du monument. Se révèle ici la contrariété potentielle entre des intérêts publics tout autant susceptibles de cibler la protection du monument historique que de l'ignorer. Le droit public se veut protecteur

---

par exemple M. Ubaud-Bergeron, « Bail emphytéotique administratif », *JurisClasseur administratif*, fasc. 740.

[8] Introduit par l'article 13 de la loi n° 88-13 du 5 janv. 1988, *JO* 6 janv. 1988, p. 208.

[9] Les personnes publiques ont été exclues du dispositif jusqu'à la loi n° 2002-1094 du 29 août 2002, *JO* 30 août 2002.

[10] Pour un exemple, clauses « tendant à l'agrément et au contrôle des activités pratiquées sur le bien loué », CAA Lyon, 13 déc. 2007, n° 06LY00549, *SCI Le double mixte*.

des biens publics. Le Conseil constitutionnel a considéré que « le principe d'égalité devant la loi et les charges publiques ainsi que la protection du droit de propriété, qui ne concerne pas seulement la propriété privée des particuliers mais aussi la propriété de l'État et des autres personnes publiques, résultent respectivement, d'une part, des articles 6 et 13 de la Déclaration de 1789 et, d'autre part, de ses articles 2 et 17 ; que ces principes font obstacle à ce que des biens faisant partie du patrimoine de personnes publiques puissent être aliénés ou durablement grevés de droits au profit de personnes poursuivant des fins d'intérêt privé sans contrepartie appropriée eu égard à la valeur réelle de ce patrimoine »[11]. Cette protection est exercée *a fortiori* pour les biens appartenant au domaine public, pour lesquels il ne peut y avoir de privilèges de fait[12] ; les biens du domaine public jouissent d'un régime caractérisé essentiellement par le principe de leur inaliénabilité et la précarité de leur occupation. Les baux portant sur des biens appartenant aux personnes publiques font donc l'objet de règles spécifiques. Le droit public protège aussi la personne publique, pour elle-même ou à raison de l'action qu'elle mène. Ainsi des pouvoirs lui sont confiés afin d'assurer la satisfaction de l'intérêt général, ou par exemple afin de veiller au respect du principe d'égalité ou à la continuité du service public. Sont donc justifiées des règles particulières, des règles exorbitantes. Le bail emphytéotique administratif est concerné par ces règles et d'ailleurs conçu pour concilier les exigences de protection des biens publics avec un bail de longue durée. Mais l'exorbitance vaut aussi pour les baux emphytéotiques qualifiés de contrats administratifs. Si le champ de protection

---

[11] Cons. const., décision n° 2008-567 DC du 24 juill. 2008, *Loi relative aux contrats de partenariat*.

[12] Cons. const., décision n° 94-346 DC du 21 juill. 1994, *Loi complétant le code du domaine de l'état et relative à la constitution de droits réels sur le domaine public* ; N. Foulquier, *Droit administratif des biens*, LexisNexis, coll. Manuel, 4e éd., 2018, n° 1117.

du droit public s'étend nécessairement au monument historique public qui peut bénéficier des conditions particulières de la sortie du bail, la mise en avant d'intérêts très divers peut aussi s'opérer en négligeant le monument.
La sortie du contrat de bail est par ailleurs significative de l'altération que le droit public impose à ce contrat. Pour une part d'entre elles, les études relatives au BEA décrivent un outil au régime juridique hybride, plutôt « "équilibré", dans la mesure où il maintient un certain nombre de prérogatives au profit de la personne publique tout en (r)assurant le preneur de la jouissance du bien »[13] ; « en réceptionnant ce bail particulier, le droit des contrats administratifs lui imprime sa marque, l'infléchit par rapport à son modèle original de droit privé »[14]. D'autres analyses traduisent un regard plus dur sur cette modification, voire dégradation, du bail, « un bail emphytéotique certes, administratif d'abord »[15], dont le régime pâtit de l'imbrication d'exigences contraires pour reprendre la formule du Professeur Duprat[16]. Le Professeur Gaudemet avançait à l'occasion des débats menés lors du présent colloque l'idée d'une déformation lors de l'entrée du bail dans le droit administratif, évoquant un bail « contrefait », « torturé ». La singularité du BEA, que lui confère l'ajout de règles administratives au bail originel du code rural – dont on rappelle qu'il n'est pas le modèle du BEA mais la matrice – s'applique de manière plus mesurée au bail qualifié de contrat administratif, manifestation toutefois éclairante de l'exorbitance du droit administratif. Cette exorbitance n'irait-elle pas jusqu'à remettre en cause « l'essence même du

[13] S. Dyens, « Le BEA est-il devenu le "droit commun" de la valorisation domaniale ? », *AJCT*, 2013 p.79.
[14] S. Plunian, « La réception du bail emphytéotique administratif par le droit des contrats administratifs », in *Contrats publics. Mélanges en l'honneur du Professeur Michel Guibal*, PU de Montpellier, 2006, p. 719.
[15] P. Sitbon, « Droits et obligations du preneur : un bail emphytéotique certes, administratif d'abord », *CP-ACCP* mars 2011, n° 108, p. 50.
[16] J.-P. Duprat, « L'évolution des logiques de gestion du domaine de l'État », *AJDA*, 2005, p. 578.

contrat »[17], au-delà d'une simple altération ? L'étude de la sortie du bail conforte les incertitudes sur la nature de ce contrat.

Le BEA a été posé initialement comme une exception au sein du régime des biens publics, avec la vocation de donner plus de liberté aux personnes publiques à des fins économiques : il rapproche les facultés contractuelles des personnes publiques des facultés contractuelles des personnes privées. Ce faisant, il inscrit l'action des personnes publiques dans de nouvelles logiques (valorisation, rentabilité, performance). La sortie du contrat de bail paraît pourtant symptomatique du rattachement puissant de ce contrat au droit public, le seul emprunt au droit commun n'étant pas satisfaisant, à raison notamment des principes fondamentaux que le recours à ce type de contrat ne peut écarter : l'intérêt général fonde le maintien de solutions propres au contrat administratif. « L'on en revient toujours à cette idée que la propriété des personnes publiques est irriguée par les nécessités de l'intérêt général, quel que soit le statut domanial des biens. »[18] Ce constat doit être étendu au contrat de bail dit administratif.

Dans un tel cadre, comment apprécier l'intérêt du monument historique et sa protection ? La question mérite examen, examen que nous proposons de mener en distinguant, parmi les diverses modalités de sortie, celles d'une sortie consensuelle (**I**) et celles d'une sortie imposée (**II**).

I. La sortie consensuelle

Dans le cadre d'une sortie consensuelle, le droit public imprègne le bail emphytéotique principalement au regard des pouvoirs additionnels reconnus à la personne publique bailleresse au détriment des pouvoirs du preneur et de la

---

[17] Expression retenue par R. Boffa lors de son intervention lors du présent colloque.

[18] Ph. Yolka, « Reconversion de l'hôtel de la Marine. Le Bateau ivre ? », *AJDA*, 2011, p. 429.

protection accrue des biens publics. Si la sortie est parfois motivée par la protection du monument historique, les intérêts du monument sont aussi à préserver lorsque les motifs de sortie sont différents, soit indirectement par l'attention portée au nouveau cocontractant en cas de mutation du contrat (**A**), soit directement par l'attention portée à l'immeuble en cas d'extinction du contrat (**B**).

A. La mutation du contrat

Hypothèses de sortie du contrat et maintien du bail. La sortie du bail ne signifie pas systématiquement la fin du contrat. Elle consiste aussi dans le fait pour l'un des cocontractants de se retirer du contrat, dont l'exécution sera poursuivie par un tiers. Les hypothèses sont diverses mais ont pour point commun de ne valoir que pour la durée restante du titre. Le départ du bailleur est une possibilité, la substitution s'envisageant lors de la vente du bien avec reprise du bail par le nouveau bailleur. Les obligations des parties étant maintenues, cette évolution du contrat est *a priori* sans conséquence pour le monument, tout au moins pendant la durée du bail. Signalons simplement que la substitution d'un propriétaire public à un autre s'opère parfois de plein droit et que la cession d'un bien public est soumise à des règles particulières, par exemple d'information des autorités délibérantes[19].

---

[19] V. par exemple la substitution de plein droit de communes en cas de retrait de la compétence transférée à l'établissement public de coopération intercommunale : CE, 5 févr. 2020, n° 433308 et n° 433314, *Synd. mixte de traitement et de valorisation des déchets du pays de Caux* : *Contrats et Marchés publics*, 2020, comm. 119, obs. H. Hoepffner ; *BJCP* 2020, p. 212, concl. M. Le Corre. V. également CE, 13 sept. 2021, n° 439653, *Cne Dourdan et Sté Dourdan Vacances* : *RDI*, 2022, p. 104, obs. N. Foulquier ; *AJCT*, 2022, p. 43, obs. M. Bahouala ; *Droit Administratif*, n° 12, déc. 2021, comm. 51, note G. Eveillard.

Plus intéressante est la substitution du preneur. Cette substitution est l'un des éléments de définition même du bail emphytéotique, qui selon l'article L. 451-1 alinéa 1 du code rural « confère au preneur un droit réel susceptible d'hypothèque ; ce droit peut être cédé et saisi dans les formes prescrites pour la saisie immobilière. » Or la constitution de droits réels sur des biens appartenant à des personnes publiques suscite toujours des difficultés en raison de la protection spécifique attachée à ces biens qui servent l'intérêt général. Si la création du BEA, quasi révolutionnaire, en est le type le plus abouti, ce contrat est assorti de règles spéciales qu'il convient de décrire ici. Le monument historique propriété publique trouve dans l'encadrement strict de la cession et de la levée d'hypothèque une protection renforcée.

Cession. La cession consensuelle[20] est autorisée pour le BEA par les articles L. 1311-3 1° du CGCT et L. 2341-1 du CGPPP. Elle est aujourd'hui considérablement limitée par les obligations de mise en concurrence pour les biens du domaine public, introduites par l'ordonnance du 19 avril 2017[21]. Une

---

[20] Sur les différentes formes de cession, R. Noguellou, « La fin du contrat. Éléments de comparaison entre le droit public et le droit privé », in *Contrats publics. Mélanges en l'honneur du Professeur Michel Guibal*, *op. cit.*, p. 341. V. également H. Hoepffner, « La cession de contrat : histoire d'une rencontre manquée entre les droits public et privé des contrats », *BJCP*, 2016, n° 109, p. 401. Sur les conditions de la cession de contrat en droit administratif : CE, avis n° 364803, sect. fin., 8 juin 2000 : Rapp. publ. CE 2001, p. 230 ; *AJDA,* 2000, p. 758, note L. Richer ; *Contrats-Marchés publics*, chron. 1, note F. Llorens ; *CJEG*, 2001, p. 103, note C. Maugüé et L. Deruy.

[21] Ord. n° 2017-652 du 19 avr. 2017 relative à la propriété des personnes publiques, *JO* 20 avr. 2017. V. les art. L. 2341-1-1 II 1° al. 2 du code général de la propriété des personnes publiques et L. 1311-3 1° du code général des collectivités territoriales. V. aussi N. Foulquier, « Précisions sur les critères de sélection et sur le renouvellement des montages initialement indivisibles », *Revue de droit immobilier*, 2021, 02, p. 98 ; G. Clamour, *Contrats et Marchés publics*, 2017, comm. 114.

hésitation demeure sur la possibilité d'une cession partielle[22] ; le caractère obligatoire d'une cession totale[23], plus probable, pourrait se révéler plus protecteur du monument. Quoi qu'il en soit, la cession du BEA est très encadrée contrairement à celle du BE[24], ce qui appuie la protection du monument grâce au pouvoir de contrôle conféré au bailleur, quand le caractère libre de la cession du BE du code rural peut présenter un risque. Deux conditions sont prévues, la pleine subrogation et l'agrément[25] ; ces conditions sont simplement facultatives pour le BEA portant sur un bien du domaine privé de l'État[26]. La pleine subrogation est avantageuse pour la protection du monument historique. Le nouveau contractant est subrogé au preneur dans les droits et obligations découlant de ce bail, voire des conventions non détachables « conclues pour l'exécution du service public ou la réalisation de l'opération d'intérêt général » s'agissant des collectivités territoriales, « conclues pour la réalisation de l'opération » s'agissant de l'État. Les obligations liées à la protection, la valorisation éventuellement du monument, ne peuvent être remises en cause.

Parce qu'il y a cette pleine subrogation, la seconde condition est l'agrément par la personne publique. Le cessionnaire doit présenter les garanties financières et techniques suffisantes pour exécuter le contrat. Cette double exigence, *a priori* très satisfaisante pour la protection du monument, se voit quelque peu fragilisée par la marge de manœuvre dont bénéficie la

---

22 Ph. Terneyre, « Le bail emphytéotique administratif comme technique contractuelle moderne de valorisation du domaine public des collectivités locales », *Revue française de la décentralisation*, n° 4 mars 1996, p. 171, et *Petites Affiches*, juill. 1996, n° 83, p. 15, et n° 84, p. 8.

23 S. Braconnier, « Les BEA et AOT constitutives de droits réels », *AJCT*, 2011, n° 2395 : en pratique, les cessions partielles seraient fréquentes.

24 Art. L. 451-1 C. rur.

25 Art. L. 2341-1 II CGPPP ; art. L. 1311-3 1° CGCT.

26 Art. L. 2341-1 III CGPPP.

personne publique pour accorder ou refuser l'agrément[27]. Le bailleur public doit justifier son éventuel refus[28] et est susceptible de voir sa responsabilité pour faute engagée si le refus est abusif. Lorsque le bail a pour objet la conservation ou la valorisation du monument, l'incapacité du cessionnaire à assurer ce contrat doit conduire l'administration à s'opposer à la cession. Si le monument n'est pas au cœur du contrat de bail (mais par exemple seulement le lieu de l'opération objet du contrat), un refus fondé sur le risque d'incapacité du cessionnaire à assurer la protection du monument nous semble valablement motivé, en raison du caractère contraignant des dispositions du code du patrimoine et de la responsabilité qui pèse sur le propriétaire ou l'affectataire d'un monument historique.

Levée d'hypothèque. La possibilité de constitution d'une hypothèque est un élément majeur du bail emphytéotique puisqu'elle attire les preneurs en facilitant leurs investissements. Le code rural la prévoit dès le premier alinéa de l'article L. 451-1. La contradiction évidente avec le principe d'insaisissabilité des biens du domaine public a été résolue par le législateur dans l'organisation de modalités originales de constitution et de levée de l'hypothèque dans le cadre du bail emphytéotique administratif.

Le code général des collectivités territoriales et le code général de la propriété des personnes publiques restreignent la

---

27 Ph. Terneyre, préc. : la cession doit être acceptée si les garanties financières sont satisfaisantes et en l'absence de tout changement du contrat ; la personne publique retrouve un pouvoir discrétionnaire si le tiers bénéficiaire de la cession envisage une modification de l'utilisation du bien.

28 Dans son avis du 8 juin 2000 préc., le Conseil d'État mentionne à titre d'exemple de motifs valables « l'appréciation des garanties professionnelles et financières que peut présenter le nouveau titulaire du contrat pour assurer la bonne fin du contrat », l'« aptitude à assurer la continuité du service public et l'égalité des usagers devant le service public ».

constitution de l'hypothèque à la garantie des emprunts contractés pour financer la réalisation ou l'amélioration des ouvrages situés sur le bien loué[29] ou la réalisation des obligations figurant au bail[30]. Le bailleur public doit approuver ce contrat, ce qui permet entre autres de contrôler les capacités du créancier à assurer la protection du monument historique.

La levée est bien plus limitée et contrôlée que dans le cadre du BE. La saisie est interdite ; seuls les créanciers hypothécaires peuvent agir. Le bailleur public dispose de pouvoirs intéressants puisqu'il peut se substituer au preneur, en modifiant ou résiliant le bail, ou autoriser la cession du bail. La protection du monument trouverait une nouvelle garantie dans ces ajustements : en contrôlant la levée, la personne publique peut préserver les intérêts du monument ; par la substitution, la personne publique (qui devient débiteur de l'établissement de crédit) reprend à sa charge les activités et ouvrages qui intègrent éventuellement le domaine public ; par la cession, la personne publique exerce de nouveau un contrôle sur le preneur. Reste comme point d'achoppement le risque d'endettement des personnes publiques ; les collectivités territoriales ne peuvent d'ailleurs accepter un contrat d'hypothèque que dans la limite de leur seuil d'endettement[31].

B. L'extinction du contrat

Modalités. La fin consensuelle du BEA ou du contrat de bail emphytéotique dit administratif repose sur des cas de figure très classiques. Le premier est bien sûr l'arrivée du terme prévu, entre 18 et 99 ans. L'article L. 451-1 alinéa 2 du code rural exclut la reconduction tacite ; les parties sont libres en revanche de prévoir expressément dans le contrat les

[29] Art. L. 1311-3 2° CGCT.
[30] Art. L. 2341-1 II 2e CGPPP.
[31] Art. L. 2341-1 II 2e CGPPP.

conditions d'une reconduction[32], sauf à dépasser la durée maximale de 99 ans. Pour le BEA le preneur peut avoir à se soumettre à une mise en concurrence[33]. Le contrat s'achève aussi lorsque son objet est exécuté, ou encore avec la survenance d'un fait entraînant la résiliation de plein droit. Il peut encore prendre fin quand la propriété publique est l'objet d'une cession[34] ou à raison de la fin d'un contrat associé – tel qu'un contrat de concession – et pour s'assurer d'une remise en concurrence[35]. Enfin les parties peuvent s'accorder pour mettre fin au bail avant son terme[36].
Les différents intérêts liés au monument historique, qu'ils se rapportent à sa protection ou à sa valorisation, peuvent constituer un motif d'extinction du contrat : mauvais état du monument, mises en demeure émanant de l'administration en charge des monuments historiques[37], etc. Si l'on songe aisément aux problèmes de l'emphytéote, ce sont parfois ceux du bailleur qui déterminent le sort du bail. À titre d'exemple, le Château de Pontivy était l'objet d'un bail consenti par son propriétaire privé à la commune ; à la suite d'un sinistre, ce propriétaire a préféré céder le monument à la commune pour un euro symbolique[38]. Lorsque le motif d'extinction du

---

32 CA Limoges, 26 juin 2003, n° 01/00753 : *Constr.-urb.* 2003, comm. 106, note D. Sizaire.

33 CAA Bordeaux, 23 mai 2006, n° 03BX00062, *Cne Fouras* : JurisData n° 2006-307057.

34 CE, 13 sept. 2021, n° 439653, *Cne Dourdan et Sté Dourdan Vacances* préc.

35 CE, 6 nov. 2020, n° 437946, *Cne de Saint-Amand-les-Eaux* : *Rec.* ; *Contrats-Marchés publics*, 2021, comm. 20, note G. Eckert ; *AJDA*, 2021, p. 341, obs. J.-C. Videlin ; *RDI*, 2021, p. 98, obs. N. Foulquier ; *BJCP*, 2021, p. 58, concl. M. Pichon de Vendeuil.

36 CE, 16 déc. 2022, n° 455186, *SNC Grasse-vacances* : *Rec.* ; *Contrats et Marchés publics*, n° 3, mars 2023, comm. 90, not G. Eckert ; *RDI*, 2023 p. 475 obs. I. Hasquenoph ; *AJDA* 2023, p. 672, obs. J. Bousquet ; *JCP A* 2023, 2008, obs. J. Martin. La solution rendue pour un contrat de droit privé paraît s'appliquer aux contrats administratifs.

37 Art. L. 621-12 C. patr.

38 « Le duc donne son château à la ville de Pontivy », *Ouest France*, 24 janv. 2015.

contrat est étranger au monument, ce dernier ne doit pas être négligé. Il est remarquable que, quel que soit le motif et quelle que soit la modalité de sortie – peu importe notamment son caractère anticipé ou à terme en raison du consensus *inter partes* –, la protection du bien est assurée *a minima* par la loi puisque, outre les éventuelles clauses du contrat, le code rural comporte des dispositions concernant l'état du bien ainsi que les améliorations et les constructions réalisées par le preneur. Puisque, surtout, le code du patrimoine est applicable.

État du bien. Au terme du contrat, le monument doit *a minima* se trouver dans l'état qui était le sien lors de la conclusion du bail. L'article L. 451-7 alinéa 1 du code rural proscrit toute diminution de la valeur du fonds. Même l'état délabré de bâtiments lors de la prise à bail n'écarte pas le manquement du preneur en cas d'effondrement[39]. Seuls le cas fortuit, le vice caché et la force majeure permettent au preneur de se décharger de son obligation[40]. Le bail portant sur un monument historique impose selon nous bien davantage au preneur. D'abord parce que le contrat peut avoir pour objet l'entretien voire la restauration du monument. Ensuite parce que le monument historique est protégé, qu'il soit classé ou inscrit. Le preneur ne dispose véritablement pas des droits du propriétaire, mais selon nous le code du patrimoine le contraint, comme le propriétaire, à une vigilance particulière : l'obligation de conservation, qui pèse sur le propriétaire du monument, pèse aussi sur le preneur qui est soumis pendant toute la durée du bail au contrôle de l'État sur le monument.

Améliorations et constructions réalisées. Les améliorations renvoient à des solutions classiques. Selon l'article L. 451-7 alinéa 2 du code rural, elles ne peuvent être détruites et ne peuvent donner lieu à indemnisation, *a fortiori* si l'objet du bail tient à la restauration ou à la valorisation du monument. Il

[39] Civ. 3e, 17 déc. 2015, n° 14-25415.
[40] Art. L. 451-8 al. 2 C. rur.

pourrait s'agir d'une hypothèse d'école, mais au sujet des améliorations portées à un monument privé donné à bail à une personne publique, l'absence d'indemnisation mériterait une analyse au regard du droit des aides publiques.

Les constructions réalisées soulèvent quant à elles quelques difficultés. En fin de bail, elles deviennent la propriété du bailleur de plein droit et, comme pour les améliorations, ne peuvent être détruites ni donner lieu à indemnisation du preneur[41]. L'embarras principal tient au caractère éventuellement obligatoire de ces constructions. Le bail emphytéotique, sauf stipulation du contrat, n'astreindrait pas à des constructions. En droit privé, le débat sur le caractère impérieux des investissements n'est à notre connaissance pas tranché ; certains auteurs les estiment consubstantiels au bail[42] quand d'autres les conditionnent à des stipulations contractuelles[43]. En revanche, le Conseil d'État a apporté des précisions pour le bail emphytéotique administratif : les investissements doivent être prévus par le contrat qui ne peut pas limiter son objet à une gestion courante[44]. Ces investissements doivent-ils correspondre à des travaux, des constructions nouvelles ou pourraient-ils être limités à des prestations de services (investissements en matière de communication, développement des modalités d'accueil du public…)[45] ? En tout état de cause, le droit public n'est pas exempt de contradictions : ces investissements ne doivent pas correspondre à un besoin de la personne publique bailleresse comme acheteuse, au risque d'impliquer une requalification du contrat dans le respect du code de la commande publique ;

---

[41] Art. L. 451-7 al. 2 C. rur.

[42] C. Saint-Alary-Houin, « Bail emphytéotique [droit privé] », *Dalloz Action Construction*, Dossier 140, n° 140.110, citant J.-P. Marty, *La dissociation juridique de l'immeuble*, LGDJ, 1977, n° 241.

[43] J.-L. Tixier, « Bail emphytéotique », *Rép. civ.* n° 14.

[44] CE, 19 nov. 2013, n° 352488, *Sté nat. Immobilière* : G. Clamour, « Investissement jurisprudentiel du BEA », *AJDA*, 2014, p. 285. Ne sont pas concernés les BEA de valorisation.

[45] G. Clamour, *ibid.*

ils ne doivent pas se prêter à la qualification d'une libéralité à laquelle aurait consenti la personne publique preneuse[46].

II. La sortie imposée[47]

Plus encore que les conditions d'une sortie consensuelle, la possibilité même d'une sortie imposée par la personne publique confère au bail emphytéotique dit administratif son originalité et révèle un paradoxe. Alors que le bail emphytéotique a pour atout majeur sa longue durée – qu'il s'agisse, pour le monument, de gestion, de valorisation[48] ou de remise en état –, l'administrativité du contrat en autorise une sortie rapide. Quelle place la protection du monument historique trouve-t-elle dans le cadre de la résiliation unilatérale du bail[49] ? Les intérêts du monument doivent être pris en compte tant dans les motifs de la résiliation (**A**) que dans la résolution des difficultés qu'elle engendre (**B**).

---

[46] Sur l'utilité financière du contrat : T. Ducharme, « L'approche financière de la politique immobilière de l'État », *RFDA*, 2020 p. 701 ; pour les collectivités locales, v. S. Dyens, « Le BEA est-il devenu le “droit commun” de la valorisation domaniale ? », *AJCT*, 2013, p. 79 ; O. Didriche, « *Focus* sur le bail emphytéotique administratif local », *AJCT*, 2017 p.493 ; Christophe Mondou, « Intérêt général et gestion domaniale : le bail emphytéotique administratif », *AJCT*, 2022, p. 558.

[47] Nous nous intéressons à la résiliation à l'initiative de la personne publique ; la résiliation peut aussi être imposée par le juge, par exemple en cas de requalification du contrat : CAA Bordeaux, 2 févr. 2017, n°s 14BX02682 et 14BX02684 : *AJCT*, 2017, p. 344.

[48] Sur la valorisation : S. Braconnier, « Les BEA et AOT constitutives de droits réels », *JCP Administrations et collectivités territoriales,* 2011, n° 2395 ; Y. Gaudemet, « À propos de la valorisation économique des propriétés publiques », *RD publ.* 2012, n° 5, p. 1223 ; dossier « Valorisation du patrimoine matériel », *AJCT*, 2013, n° 2 ; H. de Gaudemar, « La valorisation des patrimoines publics : quelle action pour les collectivités ? », *JCP Administrations et collectivités territoriales,* 2013, n° 2294.

[49] Les règles relatives à l'état du bien et au sort des améliorations et constructions nouvelles trouvent aussi à s'appliquer dans le cadre de la sortie imposée.

A. Les motifs de la résiliation unilatérale

Résiliation pour faute. La personne publique jouit d'un pouvoir de résiliation unilatérale pour tout contrat de bail emphytéotique dès lors qu'il revêt un caractère administratif. Ce pouvoir, qui ne nécessite pas l'intervention du juge, peut être exercé à raison d'une faute du cocontractant. Les hypothèses de faute ne sont pas différentes de celles qui permettent de demander la résolution judiciaire d'un bail emphytéotique prévues par l'article L. 451-5 du code rural. La première est le défaut de paiement pendant deux années consécutives. La deuxième est l'inexécution des conditions du contrat. Le juge administratif a admis comme telle « l'organisation de manifestations et activités annexes [contrevenant à l'esprit du bail] »[50]. La troisième consiste dans les détériorations graves sur le fonds. La jurisprudence civile exige un manquement grave, mais considère que la restitution en fin de bail de bâtiments effondrés constitue un manquement du preneur à son obligation, même si lesdits bâtiments étaient délabrés à son entrée[51].

Il nous paraît possible de retenir une appréciation souple de ce dernier type de faute pour les baux portant sur un monument historique. La menace que des agissements de l'emphytéote ou que son inaction – rappelons qu'il est tenu aux réparations de toute nature[52] – puissent provoquer une détérioration grave doit inciter à la résiliation du contrat en raison de la qualité particulière du monument historique. Le défaut d'entretien du monument paraît ainsi admis par le juge[53]. Il n'est pas excessif de considérer que les manquements au code du patrimoine par le preneur sont constitutifs d'une faute ; le risque de perte ou diminution de la valeur

---

50 CAA Nancy, 27 juin 2013, n° 12NC01799, *Cne Verdun* : *Contrats-Marchés publics,* 2013, comm. 225, note P. Devillers.

51 Civ. 3e, 17 déc. 2015, n° 14-25415, préc.

52 Art. L. 451-8 al. 2 C. rur.

53 CAA Nancy, 27 juin 2013, n° 12NC01799, *Cne Verdun*, préc.

patrimoniale (culturelle)[54] oblige l'administration propriétaire. D'une certaine manière, les dispositions du code rural vont d'ailleurs en ce sens. « Le preneur ne peut opérer dans le fonds aucun changement qui en diminue la valeur »[55] ; la valeur patrimoniale du monument devrait être comprise dans une acception large de la notion de valeur visée par le code rural. La personne publique exerce ce pouvoir important même en l'absence de clause. Le cocontractant de l'administration pourrait-il profiter d'une clause lui permettant de jouir d'un pouvoir similaire ? Le doute est permis. La Cour de cassation refuse les clauses de résolution de plein droit qui impliqueraient une précarité incompatible avec la constitution d'un droit réel[56]. Certes, le Conseil d'État a plus récemment admis pour les contrats administratifs la possibilité d'une clause de résiliation au profit du cocontractant de l'administration[57]. Cependant le juge administratif a pris le soin de ne pas généraliser cette faculté à tous les contrats, la réservant notamment au « contrat qui n'a pas pour objet l'exécution même du service public »[58]. Le pouvoir exorbitant accordé à la personne publique, justifié par la protection des intérêts publics, mais éloigné du régime du bail emphytéotique, ne devrait pas être reconnu au cocontractant personne privée. Ce dernier conserve le droit de saisir le juge d'une demande de résolution du contrat en présence d'une faute de la personne publique, ce qui, à défaut d'une parfaite réciprocité, corrige un peu les relations des cocontractants.

---

[54] Sur la transformation de la valeur patrimoniale : J.-D. Dreyfus, « "Privatisation" du patrimoine et des monuments historiques : l'exemple de l'Hôtel de la Marine », *AJCT*, 2013, p. 405.

[55] Art. L. 451-7 C.rur.

[56] Cass. 3e civ.,14 nov. 2002, n° 01-13.904 : JurisData n° 2002-016312 ; Bull. civ. 2002, III, n° 223.

[57] CE, 8 oct. 2014, n° 370644, *Sté Grenke Location* : *Rec.* p. 302, concl. G. Pellissier ; *Contrats-Marchés publics,* 2014, comm. 329, note G. Eckert ; *RFDA*, 2015, p. 47, note C. Pros-Phalippon ; *AJDA*, 2015, p. 396, note F. Melleray.

[58] *Id.*

Résiliation pour motif d'intérêt général. Le déséquilibre entre la personne publique et son cocontractant s'accentue considérablement si l'on examine la résiliation pour motif d'intérêt général. Le Conseil d'État a compté ce pouvoir parmi les « règles générales applicables aux contrats administratifs » dans l'arrêt *Distillerie de Magnac-Laval* de 1958[59]. Il a accepté qu'il fasse l'objet d'une stipulation dans un contrat de bail emphytéotique dans l'arrêt *SOFAP-Marignan* en 1994[60]. La cour administrative d'appel de Nantes l'a également admis pour un bail verbal de longue durée – donc sans clause – plus récemment[61]. Enfin la cour administrative d'appel de Nancy a affirmé que « s'il appartient à l'autorité administrative, en vertu des règles générales applicables aux contrats administratifs et sous réserve des droits d'indemnisation du cocontractant, de mettre fin avant son terme, à un bail emphytéotique même ne comportant pas de clause en ce sens, elle ne peut ainsi rompre unilatéralement ses engagements que pour des motifs d'intérêt général justifiant, à la date à laquelle elle prend sa décision, qu'elle reprenne possession des biens immobiliers donnés en location »[62]. L'admission de ce motif est possible lorsque le contrat est lié, même indirectement, à l'exécution d'un service public, en vertu du principe de continuité des services publics et conformément à la jurisprudence du Conseil constitutionnel[63]. Elle se conçoit

---

59 CE ass. 2 mai 1958, *Distillerie de Magnac-Laval* : *AJ*, 1958, II, p. 282, concl. Kahn ; *D.* 1958, jurispr. p. 730, note A. de Laubadère.

60 CE sect. 25 févr. 1994, n° 144641, *Sté SOFAP Marignan* : *Rec.* p. 94 ; *RFDA*, 1994, p. 510, concl. Arrighi de Casanova ; *AJDA*, 1994, p. 550, note H. Périnet-Marquet ; *CJEG*, 1994, p. 586, chron. E. Fatôme et P. Terneyre ; *D.* 1994, jurispr. p. 536, note M. Lombard.

61 CAA Nantes, 13 avr. 2018, n° 16NT02327, *Association syndicale des propriétaires riverains du parking d'Isly* : JurisData 2018-007497.

62 CAA Nancy, 27 juin 2013, n° 12NC01799, *Cne Verdun*, préc.

63 Cons. Const., décision n° 94-346 DC du 21 juill. 1994, *Loi complétant le code du domaine de l'État et relative à la constitution de droits réels sur le domaine public* : *RFDC*, 1994, p. 814, note P. Bon ; *AJDA*, 1994, p. 786, note

aussi en vertu de la protection du domaine public, qui ne tolère pas d'amoindrir la précarité des occupations privatives. Or, « [les] nécessités de l'intérêt général sont assez largement entendues par la jurisprudence »[64]. L'arrêt *Commune de Verdun* déjà évoqué s'inscrit dans cette dynamique en acceptant même comme motif d'intérêt général la valorisation patrimoniale : « la volonté de la Commune de Verdun de mettre en valeur son patrimoine historique et architectural en vue d'accroître son rayonnement culturel et touristique peut constituer un motif d'intérêt général autorisant la résiliation du bail emphytéotique », sous réserve de la présentation d'un « projet suffisamment précis » – ce qui n'était pas le cas en l'espèce. Outre la protection du monument historique, sa simple valorisation justifie donc des atteintes directes au contrat de bail emphytéotique.

B. Les difficultés posées par la résiliation unilatérale

Indemnisation. L'examen des motifs de la résiliation unilatérale expose la facilité avec laquelle la personne publique peut mettre un terme au contrat, à rebours de la logique du bail emphytéotique. La rupture imposée n'est toutefois pas exempte d'embûches et l'on peut y lire une incitation à la prudence adressée au contractant public, en premier lieu au regard des conditions d'indemnisation. L'indemnisation du cocontractant est due lors de la résiliation pour motif d'intérêt général ; elle est possible également sous condition lors de la résiliation pour faute. S'est posée la question de l'exigence d'une clause : l'arrêt *Société Jonathan Loisirs* rendu en 2009[65]

G. Gondouin ; *Actualité législatve Dalloz*, 1995, p. 93, note H. Pauliat. V. Ph. Terneyre, préc.

[64] P. Devillers, note sous CAA Nancy, 27 juin 2013, n° 12NC01799, *Cne Verdun*, préc.

[65] CE, 31 juill. 2009, n° 316534, *Société Jonathan loisirs* : *Rec.* p. 739 ; *BJCP*, 2009, n° 67, p. 482, concl. N. Boulouis ; *RJEP*, 2010, comm. 17, note

précise que l'indemnisation est possible en dehors de toute stipulation contractuelle. Cette solution semble s'affirmer plus encore que pour n'importe quel contrat administratif, compte tenu de la contradiction entre la résiliation anticipée forcée et la nature du bail emphytéotique. En revanche, une clause peut l'exclure.

Le calcul de l'indemnité peut se révéler complexe, voire opaque[66]. L'indemnisation, qui théoriquement vise la réparation intégrale du préjudice direct, matériel et certain, comporte la réparation de la perte subie, les dépenses engendrées par la rupture anticipée et la part non amortie des ouvrages revenant à la personne publique. Elle peut aussi comprendre le manque à gagner, incluant le bénéfice dont va être privé le cocontractant, calculé en tenant compte des recettes accessoires mais aussi des charges financières, redevances etc. et diminué si le cocontractant a contribué à la survenance de son préjudice. La personne publique se trouve une fois de plus dans une position favorable, en vertu de l'interdiction des libéralités et du principe d'égalité devant les charges publiques[67] : il est remarquable que les parties aient le droit de s'accorder sur une diminution du montant des indemnités, sauf lorsque c'est une personne publique qui en est destinataire[68]. Plus encore, l'indemnisation ne peut excéder « le montant du préjudice [que le contractant] a subi résultant du gain dont il a été privé ainsi que des dépenses qu'il a

---

C. Chamard-Heim ; *RD imm.* 2010, p. 158, note P. Caille ; *Ann. Voirie*, 2009, n° 138, p. 15, note C. Mondou.

66 Et peu favorable au cocontractant. M. Chouquet, *Le domaine privé des personnes publiques*, LGDJ, 2017, § 1023 et § 1037 et s.

67 Cons. Const., décision n° 2010-624 DC du 20 janv. 2011, *Loi portant réforme de la représentation devant les cours d'appel* : « le respect [du principe d'égalité devant les charges publiques] ainsi que l'exigence de bon emploi des deniers publics ne seraient pas davantage assurés si était allouée à des personnes privées une indemnisation excédant le montant de leur préjudice ».

68 C. Chamard-Heim : note sous CE, 31 juill. 2009, n° 316534, *Société Jonathan loisirs ; RJEP*, 2010, comm. 17.

normalement exposées et qui n'ont pas été couvertes en raison de la résiliation du contrat »[69]. Un point reste à souligner : l'indemnisation, même désavantageuse pour le cocontractant, constitue une dépense immédiate potentiellement importante pour la personne publique, qui pourrait l'inciter à renoncer à la résiliation.

Irrégularité de la résiliation. Une autre complication tient aux conséquences d'une résiliation irrégulière, qui ne se solde pas uniquement par l'engagement de la responsabilité de l'administration. Le cocontractant peut contester la résiliation dans son principe ou ses modalités devant le juge administratif dans le cadre d'un recours indemnitaire. Le juge contrôle la motivation de la résiliation[70] et, dans le cadre de la résiliation pour faute, s'assure du respect de la procédure et spécifiquement des droits de la défense, la résiliation ne pouvant « légalement intervenir qu'après que le cocontractant [a] été mis à même de présenter ses observations »[71]. Si le juge conclut à l'irrégularité de la résiliation, la responsabilité contractuelle pour faute de l'administration peut être reconnue ; le cocontractant verra son préjudice indemnisé.
De façon plus originale, le cocontractant peut privilégier une autre action. Il s'agit de l'action en contestation de validité assortie d'une demande de reprise des relations contractuelles, solution imaginée par le Conseil d'État dans l'arrêt *Commune de Béziers* en 2011 : « le juge du contrat, saisi par une partie d'un litige relatif à une mesure d'exécution d'un contrat, peut seulement, en principe, rechercher si cette mesure est

[69] CE, 16 déc. 2022, n° 455186, *SNC Grasse-vacances* : *préc.* Comme précité, l'arrêt porte sur un contrat de droit privé et une résiliation amiable, mais le Conseil d'État applique une solution que l'on doit *a fortiori* étendre au contrat administratif.
[70] La résiliation doit notamment ne pas méconnaître le principe de loyauté des relations contractuelles : CAA Paris, 16 nov. 2017, n° 15PA04448, *Sté NC Numéricâble.*
[71] CAA Nancy, 27 juin 2013, n° 12NC01799, *Cne Verdun*, préc.

intervenue dans des conditions de nature à ouvrir droit à indemnité ; que, toutefois, une partie à un contrat administratif peut, eu égard à la portée d'une telle mesure d'exécution, former devant le juge du contrat un recours de plein contentieux contestant la validité de la résiliation de ce contrat et tendant à la reprise des relations contractuelles »[72]. Cette action présente un intérêt singulier pour le bail emphytéotique, réinscrivant en un sens ce contrat, tel que tourmenté par le droit administratif, dans sa logique de permanence. Mais elle interpelle dans la mesure où elle conduit à prolonger, pour une durée éventuellement importante, des relations potentiellement conflictuelles. D'ailleurs, le juge administratif réserve l'hypothèse d'une reprise des relations contractuelles pernicieuse, en cherchant à apprécier « eu égard à la gravité des vices constatés et, le cas échéant, à celle des manquements du requérant à ses obligations contractuelles, ainsi qu'aux motifs de la résiliation, si une telle reprise n'est pas de nature à porter une atteinte excessive à l'intérêt général »[73]. Le tribunal administratif de Marseille a rendu à cet égard une ordonnance assez éclairante, que l'on pourrait transposer à l'hypothèse d'un bail portant sur un monument historique[74]. Pour caractériser l'atteinte excessive à l'intérêt général, il retient, entre autres, « l'état de délabrement du site et des bâtiments qui ont d'ailleurs été incendiés en 2015, ce dont attestent les photographies produites » ainsi que l'absence de respect par le preneur des

[72] CE sect. 21 mars 2011, n° 304806, *Cne Béziers* : *Rec.* p. 117, concl. E. Cortot-Boucher ; *RFDA*, 2011, p. 507, concl. et note D. Pouyaud ; *Contrats-Marchés publics*, 2011, comm. 150, obs. J.-P. Pietri ; *AJDA*, 2011, p. 670, chron. A. Lallet ; *JCP G.* 2011, 258, comm. M. Ubaud-Bergeron ; *Dr. adm.* 2011, comm. 46, note F. Brenet et F. Melleray ; *RD imm.* 2011, p. 270, note S. Braconnier.

[73] *Id.*

[74] TA Marseille, 23 janv. 2017, ord. n° 1609903, *Assoc. La Mosquée de Marseille* : *AJ Collectivités Territoriales*, 2017, p. 391.

« obligations contractuelles de sécurité et de gardiennage des bâtiments qui lui incombaient »[75].

Logique ? Alors que le code rural ne prévoit que la résolution judiciaire du BE[76], le caractère administratif du contrat de bail confère ainsi à l'administration le très large pouvoir d'en imposer la fin anticipée à son cocontractant. Un pouvoir d'autant plus fort qu'il existe même sans clause et qu'elle ne peut y renoncer, règle classique du droit des contrats administratifs[77] confirmée par l'arrêt du Conseil d'État du 1er octobre 2013 *Sté Espace Habitat Construction*[78].
L'existence de ce pouvoir de résiliation unilatérale pour le bail emphytéotique dit administratif est discutée en doctrine[79]. La raison d'être du bail emphytéotique est l'instauration d'une relation contractuelle stable et de longue durée, deux caractères évidemment mis à mal par les modalités de la résiliation unilatérale. L'acceptation du bail emphytéotique administratif, plus largement de la création de droits réels sur le domaine public, ne s'est pas faite sans heurts, en raison des objectifs de protection du domaine public qui impliquent la

75 Relevons qu'en appel, la Cour a considéré les motifs erronés en fait. CAA Marseille, 8 févr. 2021, n° 19MA01980, Assoc. *La Mosquée de Marseille* : *Contrats et Marchés publics*, n° 4, avr. 2021, comm. 118, note G. Eckert.

76 Art. L. 451-5 C. rur.

77 CE, 6 mai 1985, *Association Eurolat* : *Rec.* p. 141 ; *AJDA*, 1985, p. 620, note E. Fatôme et J. Moreau ; *LPA*, 23 oct. 1985, p. 4, note F. Llorens ; *RFDA*, 1986, p. 21, concl. B. Genevois.

78 CE 1er oct. 2013, n° 349099, *Société Espace habitat construction* : *Rec.* ; *AJDA*, 2013, p. 2275, note J.-F. Giacuzzo ; *Contrats-Marchés publics*, 2013, comm. 322, note P. Devillers.

79 E. Fatôme et Ph. Terneyre, « Bail emphytéotique, domanialité publique et financement privé d'un ouvrage public », *CJEG*, 1994, p. 569. Sur la question de l'existence d'un « droit réel administratif » : E. Fatôme et Ph. Terneyre, « Actualité du domaine public : la loi du 25 juillet 1994, observations complémentaires », *AJDA*, 1994, p. 780. V. aussi E. Fatôme et M. Raunet, « Naissance d'un nouveau bail emphytéotique administratif : le BEA de valorisation », *AJDA*, 2010, p. 2475.

précarité de son occupation. Lorsque la loi l'a instauré, certains ont pu imaginer que le droit ainsi posé ne serait pas précaire, tel le président Labetoulle : « J'hésite à suivre ceux qui ont dit que ce bail emphytéotique avait en lui-même une fragilité tenant à ce que, comme tout contrat administratif, il pouvait être résilié unilatéralement. L'avenir n'est pas dit à cet égard. Et, selon l'adage, il ne faut pas insulter l'avenir ; il ne faut pas non plus sous-estimer la capacité d'imagination de la jurisprudence. Il n'est pas inévitable que le bail emphytéotique de la loi de 1988 reçoive cet attribut des contrats administratifs qu'est le pouvoir classique de la résiliation unilatérale. Il me semble que la jurisprudence pourrait prendre acte de ce que la loi de 1988 a voulu conférer à ce contrat un caractère de stabilité particulière, de sécurité particulière et il ne me paraîtrait pas aberrant de courber, dans ce cas particulier, les principes généraux du droit des contrats »[80].

Et pourtant, la jurisprudence et le législateur lui-même ont confirmé l'indispensable application de cette règle de résiliation pour les baux portant sur le domaine public (songeons à l'affirmation de la précarité des utilisations du domaine public dans le code général de la propriété des personnes publiques) comme, plus généralement, pour tous les baux emphytéotiques dits administratifs. La seule limite à ce pouvoir résiderait dans les enjeux financiers de ces résiliations.

Plus loin, cette faculté accordée à la personne publique de sortir du contrat interroge sur la nature même du BE à caractère administratif, mettant même en lumière la discordance entre les objectifs du contrat (engagement sur la durée) et la réalité de son exécution (interruption facile). Pour autant, même si cette sortie est à l'initiative de l'administration, elle reste sous le contrôle du juge, ce qui offre une protection au cocontractant. En outre, elle se comprend à la lumière des motifs d'intérêt général qui guident l'action de

80 Cité par E. Fatôme et M. Raunet, « Naissance d'un nouveau bail emphytéotique administratif : le BEA de valorisation », *loc. cit.*

l'administration : au fond, il faudrait voir, dans cette originalité apportée par le droit administratif, un atout pour le monument historique qu'on imagine ici mieux protégé.

Le 23 novembre 2018 (relu le 23 novembre 2023).

Témoignage

Du droit d'aînesse au bail emphytéotique
La transmission d'un patrimoine

Édith DE PANGE
Château de Pange (bailleur)

Le Château de Pange, situé à quelques kilomètres de Metz, a été pillé par les nazis dès 1940, puis occupé en 1944 par les armées américaine et canadienne.
Après-guerre, le domaine de Pange connaît un sort particulier. Il est concédé par son propriétaire à une association dans la cadre d'un bail emphytéotique de 90 ans. On y voit la volonté de pérenniser une décision lourde de conséquences – le château va être entièrement transformé pour accueillir des enfants – sans pour autant passer par la case radicale de la cession.
Il me semble intéressant, avant d'évoquer les suites et conséquences de ce bail emphytéotique, d'en éclairer les motifs et pour ce faire de remonter le temps. En 1626, Pierre Thomas, lieutenant en la prévôté de Clermont-en-Argonne, est anobli par Charles IV en considération des services rendus par sa famille aux ducs de Lorraine depuis trois siècles. Il est nommé conseiller d'État puis chancelier de Lorraine.

Son arrière-petit-fils, Jean-Baptiste Thomas, commandeur-trésorier de l'ordre royal et militaire de Saint-Louis et de l'Extraordinaire des guerres, acquiert la seigneurie de Pange le 21 février 1720, à la demande du duc Léopold. Il fait bâtir son château à l'emplacement de l'ancienne place-forte féodale. En 1766, la terre de Pange est érigée en marquisat par le duc Stanislas. Père de cinq enfants, le premier marquis de Pange

transmet à son fils aîné son titre et ses charges en même temps que le domaine de Pange[1].
Succédant à son père, Jean-Baptiste, deuxième marquis de Pange, constitue un grand domaine en y ajoutant d'autres seigneuries. Allié par son épouse Renée d'Epinoy à la haute noblesse, il destine ses trois fils à la carrière des armes. L'aîné, Louis, entre par dérogation royale à 12 ans dans les Gendarmes de la Garde du roi. François et Jacques sont reçus dès leur naissance dans l'Ordre de Malte, ordre hospitalier, militaire et religieux. Le 10 avril 1780, Louis de Pange embarque en rade de Brest. Aide de camp du général de Vioménil, commandant en second du corps expéditionnaire français, il participe à la guerre d'indépendance américaine et à la bataille de Yorktown. Le 18 août 1780, son frère cadet François, sous-lieutenant au Royal-Champagne, reçoit une lettre de son père[2] :
« Vous trouverez ci-joint, mon cher fils, copie d'une lettre que j'ai écrite à votre frère aîné, mais qui ne lui sera remise qu'à son retour en Europe et après mon décès.
Cette lettre à votre frère peut vous regarder s'il venait à lui arriver malheur. Vous verrez dans cette lettre que mon but est de faire à perpétuité, s'il est possible, un aîné riche dans ma

---

1 Dans l'Ancien régime, dans les familles nobles, le principe du droit d'aînesse et de masculinité favorisait l'aîné des garçons (droit féodal dérivant du droit germanique). Un père pouvait disposer de ses biens en faveur de l'un de ses enfants, pourvu qu'il laissât ce qu'on appelait la légitime aux autres de ses enfants (disposition empruntée au Droit romain). Cette légitime correspondait au tiers des biens.
Chateaubriand écrit : « En Bretagne, les aînés nobles emportaient les deux tiers des biens, et les cadets se partageaient entre eux tous un tiers de l'héritage paternel. Par suite les cadets des cadets arrivaient promptement au partage d'un pigeon, d'un lapin, d'une canardière et d'un chien de chasse. » Ce principe était également suivi dans les familles roturières. Un texte publié en 1756 montre qu'il était déjà contesté : « Le droit de primogéniture, établi dans beaucoup de nos provinces, est funeste à la population. C'est lui qui diminue tous les jours le nombre des sujets, parce qu'en ôtant aux cadets les moyens de se marier, il les force au célibat. »
2 Source : archives familiales.

famille. Toutes les bonnes maisons ne se sont faites que par ce moyen.
Des partages égaux entre frères divisent les biens, de manière qu'au bout de quelques générations ils sont réduits à rien, et l'aîné comme les cadets sont dans la misère, sans pouvoir s'entre secourir.
Lorsqu'il y a de grands avantages pour un aîné, les cadets sont pauvres, j'en conviens, mais ils trouvent de la ressource dans leur aîné.
Je vous exhorte donc, si vous devenez l'aîné, à suivre ces avis, et si vous restez cadet, à persévérer dans l'Ordre de Malte, à remettre, avant de faire vos vœux, vos biens fonds à votre frère aîné, en vous réservant les fonds nécessaires pour tenir le généralat des galères qui procure une forte Commanderie.
Les 24 000 livres de rentes viagères que vous conserverez lorsque vous aurez cédé vos biens fonds à votre aîné, jointes au produit de la Commanderie, vous mettront dans la plus grande aisance pour un garçon.
Adieu mon cher fils, recevez dans mes derniers embrassements l'expression des sentiments de tendresse que j'ai pour vous.
P.S. Je vous exhorte, mes chers enfants, à vivre dans la plus grande union qui seule soutient les familles. »

Au décès du marquis de Pange en 1780, sa fortune, évaluée à 4 millions de livres et 1 million de dettes hypothécaires, est composée pour 95 % de biens immobiliers. Jean-Baptiste de Pange a institué son fils aîné son légataire universel et son héritier principal. Ses héritiers sont tous mineurs. Ils ont donc un tuteur légal et un tuteur honoraire. Les legs particuliers aux deux fils cadets étant plus avantageux que la légitime, leurs tuteurs renoncent à la succession pour s'en tenir aux dispositions du testament. Louis se retrouve donc propriétaire de tous les biens composant la succession de son père avec la charge d'acquitter les dettes et legs dont elle est grevée. En 1784, encore mineur, il épouse Félicité de Valicourt, nièce du ministre des Finances Calonne. Ses tuteurs demandent une substitution d'un million de livres sur la succession en faveur de ses futurs enfants[3].

En 1788, c'est l'interdiction et la mise sous curatelle de Louis sur demande de sa famille et des tuteurs de ses frères « afin de mettre un terme à quelques dissipations qui tiennent plutôt à l'inexpérience de son âge qu'à son véritable caractère ». En 1790, Louis obtient la mainlevée de l'interdiction. Il consent à ce que la substitution dont il a grevé son contrat de mariage soit assise sur le marquisat et les bois de Pange[4].

---

[3] Dans les familles nobles on utilisait la substitution comme instrument de conservation du patrimoine familial. La substitution est une clause qui oblige celui qui reçoit un bien par legs ou donation à le conserver toute sa vie en vue de le transmettre à son décès à une autre personne désignée par le testateur ou donateur. Par des substitutions graduelles, c'est-à-dire à plusieurs degrés, voire perpétuelles, la noblesse assurait tout à la fois l'accroissement progressif de la fortune familiale, essentiellement foncière et sa concentration dans les mains de l'aîné de chaque génération. Elle est également contestée par ce même texte de 1756 : « Un gentilhomme qui ne peut point aliéner son domaine, le regarde comme un bien de mainmorte. Il considère sa terre comme un dépôt. Il ne lui vient jamais à l'esprit de l'améliorer parce que cela n'ajoute rien à son prix : car un domaine substitué, et qui ne peut pas se vendre, n'a point de prix. »

[4] En abolissant le régime féodal, la Révolution va abolir purement et simplement le principe de primogéniture masculine ainsi que la substitution. Le 2 avril 1791, Monsieur de Talleyrand lit devant l'Assemblée constituante le *Discours sur l'égalité des partages dans les successions en ligne directe*[4] que Mirabeau lui a remis sur son lit de mort : « Il est hors des normes de la nature que l'homme veuille exister, laisser une volonté, lorsqu'il n'est plus qu'un vain nom ; c'est transmettre au néant les lois de l'existence... Si la nature a établi l'égalité d'homme à homme, à plus forte raison l'a-t-elle établie de frère à frère ! »
Le décret du 8 avril 1791 abolit le droit d'aînesse et le privilège de masculinité. Le 7 mars 1793, la Convention décrète que « la faculté de disposer de ses biens, soit à cause de mort, soit entre vifs, soit par donation contractuelle en ligne directe, est abolie et que, en conséquence, tous les descendants auront une part égale sur les biens des ascendants. » Du point de vue du droit à disposer des biens par testament ou donation, la propriété individuelle n'existe plus. En 1804, le code civil consacre l'égalité

Le 13 avril 1793, Louis de Pange, qui a rejoint depuis mai 1791 l'armée des princes, est inscrit sur la liste des émigrés. Ceci entraîne la saisie et la mise en vente de l'ensemble du domaine de Pange comme bien national. En janvier 1796, Louis, le royaliste, est tué en Vendée. Il n'a pas d'héritier. En juillet François, le démocrate, meurt d'épuisement après avoir fui la Terreur. Il n'a pas d'héritier. Jacques a 26 ans. Des sept petits-fils et arrière-petits-fils du premier marquis de Pange, il est le seul survivant de la Révolution. Émigré à deux reprises en 1792 et 1793-94, il a participé à la campagne de Champagne en 1792 et à celle de Hollande en 1794.

En 1796, Jacques de Pange obtient sa radiation provisoire de la liste des émigrés. Il rachète le Château de Pange et ses dépendances au Département de la Moselle. À cette époque, le château et les terres et bois qui formaient l'ancien marquisat se répartissent ainsi : un tiers aux mains des Domaines (dont le château), et deux tiers aux mains de particuliers, pour une moitié orfèvres, bourgeois et receveurs de la Ville de Metz et pour l'autre moitié aux plus riches fermiers de la famille.
Le domaine est fortement dégradé, le château vide, le parc et le bois à l'abandon suite aux séquestres, les terres sont morcelées. Le domaine a subi les occupations militaires en 1792 et le passage continuel des armées en 1793 et 1794.
En 1799, Jacques obtient sa radiation définitive de la liste des émigrés. Il rachète progressivement les terres de Pange à de multiples particuliers. Chambellan de Napoléon et comte d'Empire, il accueille l'impératrice Marie-Louise à Pange en juillet 1812. Par son mariage avec Elisabeth de Caraman, il est père de quatre filles et un fils. En 1819, Jacques obtient l'autorisation de Louis XVIII de former un majorat à Pange.

---

entre enfants mais établit qu'un père peut disposer d'une fraction de son héritage en faveur de l'un de ses enfants ou d'un étranger (quotité disponible).

Il est fait baron-pair de Pange et le domaine de Pange devient alors majorat de pairie[5].

En 1842, Jacques de Pange fait donation à son fils du château et des terres de Pange formant le majorat. Il décède en 1850 à 80 ans. Il aura connu l'Ancien Régime, la Révolution, la Première République de 1792, l'Empire, la Restauration, la Révolution de 1830 suivie de la monarchie de Juillet, celle de 1848 qui amène la Seconde République.
Maurice est le sixième marquis de Pange. Très impliqué dans la vie locale, il est maire de Pange en 1846. Il épouse Adolphine de Lobau qui lui donne deux fils et deux filles. Le 10 août 1870, il reçoit Napoléon III en conférence au Château de Pange avec le général Bazaine. Le 15 août 1870, le roi de Prusse (futur *kaiser* Guillaume 1er) occupe le château avec son état-major. Par le Traité de Francfort, le 10 mai 1871, la France cède l'Alsace et la Lorraine mosellane à l'Allemagne. Pange

---

5 Le majorat est institué par Napoléon le 1er mars 1808. Sous l'Empire, la noblesse n'est pas un ordre. Elle ne dispose pas de privilèges et les titres ne sont pas héréditaires. Seule la constitution d'un majorat permet la transmission des titres de noblesse d'Empire à la descendance masculine. Un majorat est un ensemble de biens fonciers inaliénables, échappant au partage successoral et transmis suivant la règle de primogéniture masculine. Son institution est soumise à une dotation correspondant à un revenu minimum en fonction du titre de noblesse. Ces biens ne peuvent être ni saisis, ni vendus, ni hypothéqués. Sans descendance mâle, le titre disparaît et les biens formant la dotation deviennent libres et transmis aux héritiers sauf si la dotation a été faite par l'Empereur avec des clauses de droit de retour au Domaine de l'État.
Sous la Restauration, le droit de primogéniture masculine demeure constitutionnel dans le cadre de la succession à la couronne mais également pour les membres de la Chambre des pairs créée en 1815. Dans l'ordre des institutions, la Pairie vient immédiatement après la Maison royale et, à son exemple, se perpétue de mâle en mâle, par ordre de primogéniture. L'hérédité et l'inviolabilité des Pairs nécessitant leur indépendance financière, seuls ceux ayant les moyens de former un majorat avec l'autorisation du roi peuvent obtenir la pairie. Sous la monarchie de Juillet, l'institution des majorats sera interdite. Ceux déjà créés ne pourront s'étendre au-delà de deux générations.

devient terre d'Empire. Maurice décède à Pange en 1878. Il lègue à titre de préciput et hors part le château et les terres de Pange à son fils aîné.

Lettre testamentaire de Maurice de Pange[6] :

« Voulant indiquer à mes enfants la manière dont je les prie de partager ma fortune, je déclare avantager mon fils Jean, comme l'aîné, de la moitié de ce dont la loi me permet de disposer.

Je lui donne en outre, sauf soulte à ses frères et sœurs, la terre de Pange y compris le château. L'avantage que je fais à Jean comme chef de famille est dans l'espoir qu'il fera des efforts pour réunir autant que possible ses frères et sœurs autour de lui et qu'eux-mêmes aimeront à venir ensemble dans un lieu qui leur rappellera leur enfance.

Je voudrais que mes enfants fussent bien persuadés que je les aimais tous bien sincèrement et également et qu'en agissant ainsi, je crois agir dans l'intérêt de tous. Je les embrasse du fond du cœur et prie Dieu de les protéger et de maintenir entre eux une union qui dans une famille est le plus grand des biens.

À Pange, le 24 juin 1878 »

État des lieux du château en 1879[7] :

« Demeure seigneuriale à la vérité mais d'un entretien très coûteux. Or depuis l'annexion, les familles riches se sont volontairement exilées et, à part la population des campagnes, on ne trouve en Lorraine que ceux que, leur âge avancé, l'amour du sol natal, les affections de famille ou de graves intérêts retiennent dans ce malheureux pays.

On peut donc affirmer que le Château de Pange réduit à lui-même ne trouverait d'acheteur à aucun prix. Dans la vente du domaine, si elle était possible, il n'entrerait en ligne de compte que comme non-valeur. »

Jean est le septième marquis de Pange. Polytechnicien, attaché d'ambassade à Vienne, officier supérieur d'artillerie, il a

---

[6] Source : archives familiales.

[7] Source : archives familiales.

commandé une batterie à Gravelotte. Le 27 avril 1923, il fait une donation-partage entre ses cinq fils, en attribuant à son fils aîné Maurice château, dépendances, terres et bois de Pange.

Maurice huitième marquis de Pange. Polytechnicien lui aussi, secrétaire d'ambassade à Saint-Pétersbourg, épouse Françoise de La Roche-Aymon. Ils n'auront pas d'enfant. Le 16 août 1940, un officier nazi lui signifie son expulsion. Le château va être pillé puis occupé successivement par les troupes allemandes et américaines.
Le 15 mars 1953, Maurice de Pange signe un bail emphytéotique avec l'Association de la Maison d'Enfants de Pange, pour une durée de 90 années. Il concède château, dépendances et parc à l'association moyennant un loyer d'un franc par an.
Maurice décède le 27 mars 1962 sans héritier. Suivant la tradition le titre de marquis revient à Jean de Pange, l'aîné de ses neveux. Dans son testament, il lui lègue le domaine de Pange en tant qu'aîné de famille :
« Je lègue à titre particulier en toute propriété à mon neveu, Jean de Pange, la totalité de mes propriétés de Lorraine, château, terres et bois, lui demandant de conserver si possible ce patrimoine familial et d'y continuer les traditions de notre nom. En cas de prédécès avant moi de mon neveu Jean de Pange, son fils Roland recueillerait, en ses lieu et place et dans les mêmes conditions, le legs particulier qui précède. »

Jean, neuvième marquis de Pange, est aviateur. Engagé dans les FFL, il participe à la campagne d'Afrique et à l'épopée de l'escadrille Normandie-Niemen en Russie. Marié à Béatrice Ricard, ils ont un enfant unique, Roland.
Au moment de la succession, Jean hérite d'une demeure soumise à un bail courant jusqu'en mars 2043. Il semblait alors évident que ce ne serait plus jamais une maison de famille.

Cependant, en 1970, l'Association de la Maison d'Enfants est dissoute.
À cette période, de nombreux châteaux, donnés ou vendus après-guerre à des œuvres sociales, ont été transformés en sanatorium, colonie, maison de correction, etc. Deux décennies plus tard, en raison de coûts financiers trop lourds, ils se sont retrouvés, comme Pange, abandonnés par leurs nouveaux occupants. Il a fallu tant bien que mal leur retrouver une destination, mais on avait, selon l'expression lapidaire de l'historien d'art et académicien Maurice Rheims, « marié l'inutilisable à l'irréparable ».
Le 17 juin 1972, Jean de Pange signe un nouveau bail de dix ans avec la caisse d'Allocations familiales de la Moselle. Le domaine va désormais accueillir des colonies de vacances et des centres aérés. Des négociations longues et difficiles entre bailleur et preneur pour conclure un bail emphytéotique n'aboutissent pas. Alors Jean, qui songe à la vente du château, demande à son fils marié depuis quelques mois de décider de son avenir.

Roland se retrouve à 22 ans dépositaire du destin d'un domaine transmis de générations en générations. « Dépositaire », tout est là ! Cela ne fait aucun doute, Maurice de Pange, en confiant le Château de Pange à une association, a fait un choix généreux mais malheureux. Pour autant en choisissant la solution du bail emphytéotique, il a respecté la tradition familiale qui, de générations en générations, fait de l'aîné un dépositaire.
Cette transmission à l'aîné et la décision de Maurice de Pange ont pesé lourd sur les épaules de son petit-neveu qui s'est retrouvé devoir assumer tout à la fois un héritage familial et social.
En février 1977, nous quittons Paris pour venir vivre dans ce petit village proche de Metz. C'était une évidence pour nous, il fallait vivre ici pour connaître et comprendre avant de faire un choix. Nous passons six ans au milieu des habitants de

Pange. Roland crée une entreprise de travaux forestiers, s'investit dans la gestion des bois de Pange laissés à l'abandon ; il est élu au conseil municipal. Pendant toutes ces années nous nouons des contacts avec des associations qui n'aboutiront pas. La charge des travaux du château est trop lourde.

Nous souffrons de le voir comme une grande carcasse vide, sans âme. Nous sentons instinctivement que pour sauver ce grand navire prêt à chavirer, il faut monter dessus. Impossible de rester à terre ! Le 1er mai 1983, nous refermons derrière nous la grille d'une demeure familiale dépouillée de son passé. Nous sommes très jeunes, le temps et la patience seront nos alliés.

En 1984, Roland, souhaitant conserver un lien entre le domaine et la petite enfance, signe avec la Commune de Pange un bail emphytéotique de 30 ans renouvelable, mettant à disposition une partie des dépendances pour l'école maternelle du village. Aujourd'hui, les communes regroupées autour du SIVU scolaire de Pange ont le souhait de construire une école *moderne* dans l'ancien potager du château.

Ce grand terrain clos de murs et qui fait face au château est au centre du village. Pour conserver sa destination, nous avons laissé un jeune horticulteur s'y installer. Son départ prochain à la retraite ouvre un nouveau défi. La Commune de Pange y voit l'opportunité d'un projet qui ouvrirait ce cœur du village aux habitants. Si nous comprenons ce désir, il n'en reste pas moins que nous avons bien conscience des conséquences de la vente de ce terrain. De mauvais choix seraient cette fois-ci irréparables.

Aujourd'hui nous réfléchissons avec nos cinq enfants à l'avenir de cette partie du domaine. Peut-être faut-il penser à un nouveau bail, à construction plutôt qu'emphytéotique ?

L'histoire de Pange aura été marquée par des recommencements, par la volonté de chacun de ses dépositaires d'assumer la transmission malgré toutes les vicissitudes. Celui qui a racheté son château ravagé par la Révolution puis l'a vu occupé par les armées russes et prussiennes en 1815, ceux qui ont connu l'annexion douloureuse à l'empire allemand, celui qui a vécu l'affront d'un officier lui faisant le salut nazi avant l'expulsion et le retour dans un château pillé, celui qui a fait le choix d'assumer et de rendre son passé à un château dont il n'avait aucun souvenir d'enfance.

Peut-être au fond est-ce cet héritage-là que nous avons le désir de transmettre à nos enfants et nos petits-enfants, celui de la constance. Et pour ceux qui voudrait y voir autre chose, je laisse le dernier mot à Antoine de Saint-Exupéry :

« Celui-là seul comprendra ce qu'est un domaine qui lui aura sacrifié une part de soi, qui aura lutté pour le sauver et peiné pour l'embellir. Alors lui viendra l'amour du domaine. Un domaine n'est pas la somme des intérêts, là est l'erreur. Il est la somme des dons. »[8]

[8] Antoine de Saint-Exupéry, *Pilote de guerre*, éditions Gallimard, 1942.

V
Les alternatives au bail emphytéotique

Le prêt à usage, suppléant du bail emphytéotique ?

Armelle VERJAT
Chercheur associé à l'Institut Droit Éthique Patrimoine (IDEP)
Université Paris-Saclay

Compte tenu des usages variés du bail emphytéotique[1], traiter des solutions de remplacement de ce contrat revient à s'intéresser à l'ensemble des actes juridiques susceptibles de lier le détenteur d'un monument historique à celui qui va le gérer et en assurer la préservation pendant une durée définie ; ou encore d'organiser une répartition des charges (notamment de travaux) entre un propriétaire et un tiers à même de s'y substituer temporairement. L'ampleur de la tâche nécessiterait probablement une thèse ou autant de colloques que de types de contrat[2] ou de modes de transfert de tout ou partie de la propriété[3], ce qui n'est pas ici notre ambition. Aussi, pour éviter par ailleurs un inventaire à la Prévert, la présente étude se concentrera-t-elle sur une hypothèse, choisie principalement en raison de sa présomption de faible onérosité, et de son usage relativement fréquent dans le cas des monuments historiques en mains privées[4] et ce dans une perspective de comparaison avec le bail emphytéotique : le commodat[5] ou prêt à usage.

---

[1] V. la contribution de G. Goffaux Callebaut dans cet ouvrage.

[2] À titre d'exemple, le bail commercial ou le bail professionnel, le bail à réhabilitation, la convention d'occupation précaire, etc.

[3] À titre d'exemple, la donation (temporaire ou définitive) ou la vente de l'usufruit, de la nue-propriété ou du droit d'usage, la vente avec faculté de rachat ou de réméré, etc.

[4] Seules les relations entre personnes de droit privé sont ici étudiées.

[5] Bien que supprimé de l'article 1875 du code civil en 2009 (L. n° 2009-526 du 12 mai 2009, art. 10), le terme de « commodat » reste largement utilisé par les juges et la doctrine (et est maintenu dans le titre du chapitre

« Tout ce qui est dans le commerce, et qui ne se consomme pas par l'usage », peut être l'objet d'un commodat[6]. Malgré l'intérêt public attaché à sa préservation, un immeuble protégé au titre des monuments historiques ne saurait être qualifié de bien hors du commerce et, en tant qu'immeuble, son usage est indéniablement illimité ; il peut donc sans conteste faire l'objet d'un commodat. Le recours à ce type de contrat est fréquemment envisagé pour organiser la gestion d'un monument historique privé, notamment parce que, contrairement au bail emphytéotique, il n'entraîne pas de transfert de propriété du bien[7] et, à l'inverse d'autres types de contrat, le principe même de sa gratuité[8] convient parfaitement aux structures associatives, fréquemment utilisées pour la mise en valeur culturelle de cet élément patrimonial Si le régime juridique du commodat semble adapté aux spécificités des monuments historiques, certaines dispositions méritent d'être analysées, tant en ce qui concerne la durée du contrat (**I**) que les obligations des parties (**II**).

I. Une durée à géométrie variable

Face à la durée minimale de 18 ans imposée par le bail emphytéotique[9], le commodat donne un sentiment de flexibilité, particulièrement favorable pour le prêteur. En effet, le contrat peut fixer une durée de prêt de quelques heures, de quelques jours, de quelques mois ou de quelques années, de façon continue ou discontinue, à l'expiration desquels l'immeuble doit nécessairement être rendu[10]. Dans l'hypothèse où la convention ne fixe pas de terme pour la

Ier du titre X du Livre III du code civil). Il sera donc alternativement utilisé avec celui de « prêt à usage » dans le cadre de cette étude.

[6] C. civ., art. 1878.

[7] C. civ., art. 1877.

[8] C. civ., art. 1876.

[9] C. rural et de la pêche maritime, art. L. 451-1, al. 2.

[10] C. civ., art. 1888.

restitution du bien[11], ou à défaut même de convention écrite, la chose ne doit être restituée « qu'après qu'elle a servi à l'usage pour lequel elle a été empruntée »[12]. Comme le souligne Anne Etienney-de Sainte Marie, « l'usage peut donc constituer un terme extinctif tacite, s'il est temporaire »[13]. Mais il en va différemment lorsque l'usage est constant, c'est-à-dire ni déterminé dans la convention, ni déterminable par référence à un usage ponctuel communément admis. En raison de son statut d'immeuble et plus encore au regard de l'intérêt justifiant sa protection par principe perpétuelle[14], un monument historique ne peut être qu'une chose d'un usage permanent, dont le terme est imprévisible, soit qu'il est utilisé comme logement, soit du fait de sa mise à disposition du public, l'un comme l'autre de ces usages n'ayant pas *a priori* vocation à être limité dans le temps. Dès lors, conformément à la jurisprudence devenue constante[15], la restitution de la chose étant de l'essence du commodat, « le prêteur est en droit d'y mettre fin à tout moment, en respectant un délai de préavis raisonnable »[16], et ce, sans devoir justifier d'un « besoin pressant et imprévu » de la chose prêtée[17].

---

[11] Ce que le juge a admis, malgré la lettre de l'article 1888 du code civil, CA Aix-en-Provence, 16 mai 1973, *D.* 1974. 676, note F. Bories.

[12] C. civ., art. 1888.

[13] *D.* 2015. 2350, note A. Etienney-de Sainte Marie sous Civ. 1re, 30 sept. 2015, n° 14-25.709.

[14] C. patr., art. L. 621-29-5.

[15] Sur l'évolution de cette jurisprudence, v. not. M.-L. Mathieu-Izorche, « Prêt à usage : un nouvel équilibre ? », *D.* 2001. 3154 ; P.-Y. Gautier, « Résiliation unilatérale du contrat de prêt à usage, ou comment le droit commun n'est pas forcément approprié », *RTD civ.* 2004. 312 ; C. Noblot, « Terme du commodat à durée indéterminée : retour à la case départ », *D.* 2004. 903.

[16] Civ. 1re, 3 févr. 2004, n° 01-00.004 ; Civ. 1re, 10 mai 2005, n° 02-17.256, *D.* 2005. 2439, note Dagorne-Labbe ; Civ. 3e, 4 avr. 2007, n° 06-12.195 ; Civ. 1re, 1er juill. 2015, n° 14-18.709.

[17] Au sens de l'article 1889 du code civil. V. Civ. 1re, 30 sept. 2015, n° 14-25.709.

« Gage de souplesse »[18] mais aussi source d'insécurité juridique, le caractère raisonnable d'un délai s'apprécie au cas par cas[19]. Il dépend de l'usage de la chose prêtée et peut s'avérer difficile à évaluer pour un monument historique employé à des fins culturelles (organisation d'expositions temporaires ou de spectacles musicaux ou théâtraux) ou commerciales (organisation de réceptions professionnelles ou familiales ou certaine location pour des tournages de film). Dans ces hypothèses en effet, la programmation des événements est généralement anticipée au-delà de ce qui pourrait être qualifié de « raisonnable » pour un immeuble utilisé exclusivement comme logement[20]. En ce sens, la proposition de Pascal Boisliveau visant à ajouter au « délai de préavis raisonnable » un « délai raisonnable d'utilisation » semble pouvoir contrebalancer l'incertitude dans laquelle peut se trouver l'emprunteur développant ce type d'activités.

« Ainsi, les parties au contrat de commodat (ou l'une d'entre elles) pourraient le faire cesser dès lors que seraient respectés un délai d'utilisation, avant la formulation de la demande de restitution, puis un délai de préavis, avant la restitution effective »[21]. Certes, « la difficulté pratique serait toujours de déterminer la durée de ces délais »[22], mais l'existence même de ces deux délais permettrait de trouver plus aisément un point d'équilibre entre les parties.

Selon la loi, si avant le terme expressément fixé dans la convention de commodat, ou « avant que le besoin de l'emprunteur ait cessé, il survient au prêteur un besoin pressant et imprévu de sa chose, le juge peut, suivant les

---

18 « Le "délai raisonnable" ou la mesure du temps », L. Nicolas-Vullierme, *LPA* du 3 janv. 2005, n° 1, p. 3.

19 V. égal. la jurisprudence relative à C. civ., art. 1211.

20 Dans cette hypothèse, un délai de 6 mois a été considéré comme « raisonnable et suffisant » pour permettre aux emprunteurs de se reloger, v. not. CA Paris, 7 févr. 2019, n° 16/16891.

21 P. Boisliveau, « Un seul délai raisonnable dans le cadre de la fin du prêt à usage sans délai convenu ? », *LPA* du 11 févr. 2015, n° 30, p. 7.

22 *Ibidem.*

circonstances, obliger l'emprunteur à la lui rendre »[23]. Compte tenu de l'évolution de la jurisprudence, ce texte présente moins d'intérêt aujourd'hui que lorsque le contrat ne pouvait prendre fin qu'« après que le besoin de l'emprunteur a cessé »[24]. Il reste néanmoins applicable aux commodats à durée limitée[25] et conduit à s'interroger sur la notion de « besoin pressant et imprévu », appréciée par les juges du fond[26]. En particulier, ce « besoin pressant et imprévu » peut-il être lié à l'état du monument historique et à l'obligation pour le prêteur – propriétaire maître d'ouvrage[27] – de réaliser des travaux sur son bien ? Il a été jugé pour un immeuble ordinaire que le projet de vente nécessitée par la réalisation d'importants travaux constitue une raison sérieuse pouvant justifier la rupture d'un commodat, le propriétaire démontrant ainsi un besoin pressant et imprévu de reprendre son bien[28]. Même à défaut de vente, la responsabilité de la conservation d'un monument historique[29] pesant sur le propriétaire pourrait de la même façon justifier ce « besoin pressant et imprévu », et ce en particulier en présence d'un monument classé dont la conservation serait gravement compromise et pour lequel l'État mettrait en demeure le propriétaire de réaliser des travaux de réparation ou d'entretien, voire exécuterait des travaux d'office[30], dont l'importance empêcherait de surcroît tout usage du bien.

Plus la qualification de ce besoin est souple, plus le commodat sur le temps long peut être envisagé par le prêteur, car celui-ci sait qu'il pourra sortir du contrat en justifiant de ce besoin. Le

---

23 C. civ., art. 1889.

24 V. not. Civ. 1re, 19 nov. 1996, n° 94-20.446 ; G. Pignarre, « Prêt – Prêt à usage », *Répertoire de droit civil*.

25 Ce qui est le cas lorsque le commodat est conclu jusqu'à la fin de la vie de l'emprunteur, Civ. 1re, 23 juill. 1974, *Bull. civ.* I, n° 244.

26 V. not. Civ. 3e, 2 juill. 2014, n° 13-12.173.

27 C. patr., art. L. 621-29-2.

28 CA Lyon, 6 sept. 2005, RG : n° 04/02821.

29 C. patr., art. L. 621-29-1.

30 C. patr., art. L. 621-12 s.

commodat est dès lors susceptible d'atteindre des durées similaires à celles du bail emphytéotique. Dans le même esprit que ce dernier, « les engagements qui se forment par le prêt à usage passent aux héritiers de celui qui prête, et aux héritiers de celui qui emprunte »[31]. Cette règle de principe connaît une exception en présence d'un fort *intuitus personae*. Le code civil ajoute en effet : « Mais si l'on n'a prêté qu'en considération de l'emprunteur, et à lui personnellement, alors ses héritiers ne peuvent continuer de jouir de la chose prêtée »[32]. Dès lors, si le prêteur peut renoncer au commodat en faveur des héritiers de l'emprunteur initial, ses propres héritiers ne peuvent que poursuivre son engagement et doivent maintenir le commodat jusqu'à la disparition de ce même emprunteur.

L'ensemble de ces dispositions appelle plusieurs remarques au regard d'une pratique fréquente de mise en place d'un commodat en faveur d'une association locale attachée au monument[33], dont elle porte généralement le nom. Puisque la plupart de ces associations sont à durée illimitée, le commodat peut théoriquement perdurer pendant plusieurs générations après le prêteur initial. Si le code civil prohibe les engagements perpétuels[34], et permet de mettre fin à tout moment au contrat conclu pour une durée indéterminée, sous réserve du respect d'un délai raisonnable de préavis[35], il n'en reste pas moins qu'un prêt à usage peut être envisagé par le prêteur initial sur une durée longue – pouvant atteindre 99 ans. Pour autant, dans quelle mesure une personne morale peut-elle être empreinte d'un *intuitus personae*, en dehors de ses dirigeants ? Il résulte de la jurisprudence que « la considération de la

31 C. civ., art. 1879, al. 1.

32 C. civ., art. 1879, al. 2. V. égal. le cas particulier du commodat avec un usufruitier, M.-R. Kervella, « Commodat et usufruit – Les amis de mes amis ne sont pas forcément mes amis... » *in Revue juridique de l'Ouest*, 2009-2, p. 191 s.

33 Du fait de sa gratuité et de l'absence de transfert de propriété, le commodat doit être distingué d'un apport.

34 C. civ., art. 1210.

35 C. civ., art. 1211. V. plus haut.

personne ne s'appréci[e] qu'à l'égard de l'être moral. Le principe de l'autonomie de la personne morale implique que la société se distingue des personnes physiques qui la composent ou bien la dirigent »[36]. Il en va probablement différemment dans l'hypothèse où l'objet de l'association est modifié. La personnalité de l'association emprunteuse peut-elle s'en trouver changée, au point de remettre en cause la poursuite du commodat ? Le cas échéant, la précision dans le contrat de prêt à usage des éléments susceptibles de caractériser cet *intuitus personae* devrait permettre de trancher la question.

En tout état de cause, en présence d'un tel *intuitus personae*, les héritiers du prêteur sont tenus par l'engagement pris par le *de cujus* envers l'emprunteur initial. Dès lors, si les pratiques anciennes privilégiaient plutôt les commodats à durée limitée, l'évolution de la jurisprudence enjoint les prêteurs à ne prévoir aucun terme[37]. Toutefois, dans certains cas, les associations elles-mêmes ou des partenaires extérieurs imposent des durées minimales relativement longues qui sont vues comme des garanties d'affectation du bien à une activité spécifique (l'organisation d'un festival ayant vocation à se renouveler chaque année par exemple) ou qui encouragent la réalisation d'éventuels travaux ou investissements. Encore faut-il dans ce dernier cas que ceux-ci ne remettent pas en cause le principe de gratuité qui régit le prêt à usage.

---

[36] D. Houtcieff, « *Intuitu personae* : quand tous les dirigeants et associés changent, rien ne change ! », *Gaz. Pal.* 11 avr. 2013, n° 125, t. 5, à propos de Com., 29 janv. 2013, n° 11-23676. Bien que non prise pour une association, créée dans un but autre que le partage de bénéfices, cette solution paraît transposable à ce type de structure, d'autant que les dirigeants sont généralement nommés par l'assemblée générale, regroupant les membres de l'association.

[37] D'autant que les prêts à usage ne sont généralement pas formalisés dans un contrat écrit.

II. Des engagements réciproques encadrés

À la lecture de la définition du prêt à usage – « contrat par lequel l'une des parties livre une chose à l'autre pour s'en servir, à la charge par le preneur de la rendre après s'en être servi »[38] –, il apparaît indéniablement que, contrairement au bail emphytéotique ou au bail à réhabilitation[39], ce contrat n'a pas vocation à permettre la prise en charge de la gestion et de la conservation du monument pour le compte du propriétaire qui n'en aurait pas la capacité technique ou financière. Il a davantage vocation à rendre service, un service d'amis, et ce d'autant qu'il est « essentiellement gratuit »[40].

En application de l'article 1880 du code civil, l'emprunteur est toutefois « tenu de veiller raisonnablement à la garde et à la conservation de la chose prêtée ». Pour certains auteurs, l'emprunteur doit essentiellement « utiliser la chose avec prudence et diligence »[41], de façon à pouvoir la restituer. Néanmoins, dans le langage courant, la conservation est l'action « de maintenir hors de toute altération, dans le même état ou en bon état »[42] ou encore « de garder intact, sauver, entretenir ». Cette notion de conservation se confond-elle avec celle qui oblige le propriétaire d'un monument historique en application du code du patrimoine[43], et que le *Dictionnaire comparé de droit du patrimoine culturel* définit comme « l'ensemble des mesures indispensables à [la] sauvegarde [des biens culturels] par le traitement préventif ou curatif des risques »[44] ?

---

38 C. civ., art. 1875.

39 CCH, art. L. 252-1 s.

40 C. civ., art. 1876.

41 G. Pignarre, « Prêt – Prêt à usage », *Répertoire de droit civil*, § 69.

42 Trésor de la langue française informatisé, http://www.atilf.fr/tlfi, ATILF - CNRS & Université de Lorraine, v° Conservation.

43 C. patr., art. L. 621-29-1.

44 *Dictionnaire comparé de droit du patrimoine culturel*, CNRS Éditions, 2012, p. 356.

Le classement au titre des monuments historiques vise « les immeubles dont la conservation présente, au point de vue de l'histoire ou de l'art, un intérêt public »[45]. Les menaces pesant sur cette conservation justifient une mesure temporaire de protection[46] et sont susceptibles de donner lieu à une mise en demeure ou à l'exécution de travaux d'office par les services de l'État[47]. Bien que l'inscription fasse référence quant à elle à la notion de préservation[48], cette dernière est intimement liée à celle de conservation[49]. En outre, tout propriétaire d'un monument historique, qu'il soit classé ou inscrit, « a la responsabilité de la conservation »[50] du monument. Bien entendu, cette disposition ne vise *a priori* pas l'emprunteur, qui ne dispose d'aucun droit de propriété sur le bien[51]. Toutefois, le propriétaire peut-il transférer cette responsabilité à l'emprunteur sur le fondement de l'article 1880 du code civil ? Le législateur n'a sans doute pas entendu accorder à cette notion de conservation attachée au commodat un effet

---

45 C. patr., art. L. 621-1.

46 C. patr., art. L. 621-7.

47 C. patr., art. L. 621-11 s.

48 C. patr., art. L. 621-25.

49 Les dispositions règlementaires relatives au contrôle scientifique et technique de l'État sur monuments inscrits ne se réfèrent pas à la notion de préservation mais à celle de conservation, C. patr., art. R. 621-63. Il en est de même du texte afférent au subventionnement des travaux sur immeuble inscrit, C. patr., art. L. 621-29.

Il apparaît en outre selon certains auteurs que l'objectif visé par le classement et celui poursuivi par l'inscription diffèrent. « Dans le premier cas, le corollaire de l'intérêt public est la conservation de l'immeuble ; dans le second, la préservation détermine la portée de l'intérêt suffisant. La variation sur le degré d'intérêt accordé à la protection du monument historique ainsi que l'objectif visé – conservation ou préservation – définissent la hiérarchie entre le classement et l'inscription au titre des monuments historiques, au bénéfice de la première de ces deux mesures » (C. patr. Dalloz, com. sous art. L. 621-3). L'on peut en inférer que toute opération de conservation d'un immeuble comprend nécessairement sa préservation.

50 C. patr., art. L. 621-29-1. V. égal. C. patr., art. R. 621-46 s.

51 C. civ., art. 1877.

susceptible de conférer à l'emprunteur (d'un monument historique) les droits ou obligations incombant normalement au propriétaire[52].

Il n'en reste pas moins que l'obligation de restitution de la chose dont l'emprunteur est tenu peut nécessiter la réalisation de travaux de restauration ou de réhabilitation pour utiliser l'immeuble selon l'usage fixé – ce dernier résultant de la destination de la chose empruntée, tant du fait de sa nature que de la volonté des parties – ou pour assurer la préservation du monument. Il en est de même des dépenses d'entretien du bien. Aussi, « bien que le prêt soit consenti en principe dans l'intérêt de l'emprunteur, le prêteur peut donc y trouver aussi parfois son intérêt, puisqu'il est débarrassé des frais d'entretien de la chose »[53].

Pour autant, la prise en charge de telles dépenses ne doit pas aller à l'encontre de la gratuité[54], et ne doit pas équivaloir à un loyer, sous peine de remise en cause du commodat[55]. Il résulte par ailleurs de la combinaison des articles 1886 et 1890 du code civil que « seules peuvent être répétées les dépenses extraordinaires, nécessaires et tellement urgentes que l'emprunteur n'a pu en prévenir le prêteur » et « toutes autres dépenses que ferait l'emprunteur, y compris pour user de la chose, ne sont pas soumises à répétition ». Dans sa décision du 13 juillet 2016, la Cour de cassation adopte une lecture littérale du texte[56].

---

52 D'autant que la notion de conservation au sens du droit du patrimoine culturel n'a fait son apparition que postérieurement à la rédaction du code civil, l'actuel régime juridique du prêt à usage résultant pour l'essentiel du code napoléonien.

53 N. Cayrol, « Contrat de prêt », *Juris Cl. Civil Code*, synthèse n° 1250.

54 C. civ., art. 1876.

55 Ainsi, le versement par l'emprunteur d'une somme égale à la taxe foncière due par le propriétaire peut caractériser l'onérosité du prêt (Civ. 3e, 14 janv. 2004, n° 02-12.663).

56 Civ. 1re, 13 juill. 2016, n° 15-10.474.

Dès lors, l'emprunteur ne pourra obtenir remboursement d'une dépense engagée lors d'un commodat que « si trois conditions cumulatives sont remplies. D'abord, cette dépense doit être extraordinaire, c'est-à-dire qu'elle ne doit pas être liée à l'entretien courant de la chose. Ensuite, elle doit être nécessaire à la conservation du bien ; une dépense somptuaire, voire simplement utile, ne peut donc pas être imputée au prêteur. Enfin, elle doit être telle que l'emprunteur est contraint d'agir sans en référer au prêteur. Cela signifie qu'à défaut d'action immédiate de la part de l'emprunteur, le bien serait exposé à une dégradation portant gravement atteinte à sa substance »[57]. Sauf à considérer les travaux de modernisation dictés davantage par l'usage[58], les travaux portant sur un monument historique sont généralement nécessaires à sa conservation. Leur qualification en tant que dépenses extraordinaires dépend de leur nature. Ainsi, s'il peut être admis que des travaux de réparation ou d'entretien appartiennent à la catégorie des dépenses ordinaires, il pourrait en être différemment des travaux de restauration compte tenu de leur importance[59], encore qu'ils soient généralement prévisibles[60]. Qu'en est-il de l'urgence ? Par principe, les travaux portant sur les monuments historiques nécessitent *a minima* une déclaration, et le plus souvent une

---

[57] C. Barrillon, « La gratuité du prêt n'implique pas le remboursement des dépenses d'usage », *Gaz. Pal.* 13 déc. 2016, n° 282a9, p. 60.

[58] Il pourrait également être débattu du fait que les travaux portant sur la structure de l'immeuble (et donc nécessaire à sa conservation) sont des dépenses permettant l'usage du bien, soit pour l'habitation, soit pour l'accueil du public dans le cas d'un monument ouvert. À défaut, en effet, l'immeuble n'est pas habitable, ni ne peut être un établissement recevant du public sans risque.

[59] Pour plus de précisions sur les différentes catégories de travaux portant sur les monuments historiques, v. not. Circ. 1er déc. 2009, NOR : MCCB0928988C.

[60] Ainsi ne sont pas des dépenses extraordinaires les travaux de réfection d'enduit de façade, d'installation de prises électriques, de réfection de la menuiserie, de dépose d'un carrelage, CA Dijon, 29 janv. 2008, n° 07/00052, JurisData n° 2008-358268.

autorisation. Compte tenu des délais imposés par la réglementation en la matière, il est peu probable que l'emprunteur ne dispose pas du temps nécessaire pour informer le prêteur des travaux à réaliser. Et même en cas d'urgence absolue, l'information préalable des services de l'État peut être doublée de celle du prêteur.

L'impossibilité pour l'emprunteur dès lors de répéter ces dépenses lui impose-t-elle pour autant de les prendre à sa charge ? En effet, le défaut d'urgence et la possibilité qui en découle de pouvoir prévenir le prêteur n'ont-ils pas vocation à permettre audit prêteur, en tant que propriétaire, de prendre directement à sa charge les dépenses nécessaires ? En ce sens, ne doit-on pas considérer avec la Cour d'appel de Nîmes que « l'immeuble continue [d']appartenir [au prêteur] et d'être à ses risques »[61], ou sous sa responsabilité dans le cas des monuments historiques[62] ? Au contraire, doit-on admettre que les articles 1886 et 1890 institutionnalisent une répartition des charges qui ne porterait pas atteinte à la gratuité du prêt[63] ? Le doute est permis, en particulier devant un chantier *monument historique* dont les enjeux financiers peuvent excéder de beaucoup l'avantage retiré du prêt[64]. L'on peut se demander en ce sens avec certains auteurs s'il est « concevable, alors que

---

61 Citée par Civ. 1re, 13 juill. 2016, n° 15-10.474, qui a cassé la décision sur la question de la gratuité du prêt.

62 C. patr., art. L. 621-29-1. V. plus haut.

63 V. en ce sens à propos de Civ. 1re, 13 juill. 2016, n° 15-10.474 : « On observera par ailleurs que le raisonnement de la cour d'appel était voué à la censure, car il laissait entendre que ces textes étaient contradictoires avec l'article 1876 du code civil qui prévoit que le "prêt est essentiellement gratuit". Or, dès lors que le législateur prévoit, dans les articles 1886 et 1890, une clé de répartition des charges, en même temps qu'il affirme, dans l'article 1876, la gratuité du prêt, cela présuppose plutôt que cette répartition ne porte pas atteinte au caractère gratuit du prêt », C. Barrillon, « La gratuité du prêt n'implique pas le remboursement des dépenses d'usage », *Gaz. Pal.* 13 déc. 2016, n° 282a9, p. 60.

64 M. Morin, P.-L. Niel, « Exclusion de la répétition des dépenses ordinaires engagées par l'emprunteur dans le contrat de prêt à usage », *AJDI* 2017. 109.

le prêteur en profite, de faire supporter par l'emprunteur [des dépenses dont le] coût excède celui d'une location »[65]. Toutefois, si l'emprunteur prévient le prêteur de la nécessité de réaliser des travaux mais que celui-ci ne les exécute pas, l'emprunteur semble tenu de les engager compte tenu de son obligation de restitution[66] et de conservation[67], et ne peut les répéter. Il aura donc intérêt à rendre la chose au prêteur, à moins que ce ne soit lui qui souhaite rendre un service d'ami... Mais dans la mesure où la maîtrise d'ouvrage sur un monument historique incombe au propriétaire en application du code du patrimoine, on ne voit pas comment l'emprunteur pourrait mener à bien ces travaux dans le respect de la réglementation, ou obtenir des subventions ou des fonds de mécénat pour l'aider.

En définitive, le recours au commodat fréquemment utilisé pour les monuments historiques privés (notamment dans leurs relations avec des associations contribuant à l'animation des lieux) n'est pas sans laisser quelques incertitudes. La différence principale du prêt à usage par rapport au bail emphytéotique est l'absence de transfert d'un droit de propriété quelconque de l'immeuble[68]. En conséquence, l'emprunteur ne peut appliquer le régime fiscal des monuments historiques, réservé aux détenteurs d'un tel

[65] F. Grua, N. Cayrol, « Art. 1880 à 1887 – Fasc. unique : prêt à usage – Obligations de l'emprunteur », *J.-Cl. Civil Code*, § 45.
[66] Bien qu'il soit généralement admis que la chose puisse être restituée dans l'état dans lequel elle se trouve. V. en cas de sinistre, Civ. 1re, 27 juin 1995, n° 92-19952.
[67] « Tout défaut de restitution traduirait à la fois un manquement à l'obligation de restitution et, nécessairement, à l'obligation de conservation », J.-B. Seube, « Obligation de restitution de l'emprunteur : présomption de faute et preuve contraire », *RDC* 2003, n° RDCO2003-1-029, p. 130.
[68] C. civ., art. 1877.

droit[69]. Le prêteur peut quant à lui n'appliquer que le régime fiscal des monuments historiques à usage privatif[70]. Ainsi, si l'immeuble est affecté à l'habitation, la gratuité du commodat empêche l'application du régime fiscal des immeubles productifs de revenus fonciers. Le propriétaire n'ayant plus par ailleurs la disposition de son bien, il ne peut l'ouvrir au public. Le fait qu'un tiers s'engage à le faire à sa place dans le cadre du commodat paraît *a priori* sans incidence et les dépenses prises en charge par le prêteur sont donc déductibles à 50 % (hors les travaux subventionnés)[71]. Si l'immeuble n'est pas prêté en tant que logement mais pour une activité culturelle ou économique[72], il ressort de la fiscalité des immeubles ordinaires que le montant théorique du loyer (celui que le monument pourrait produire s'il était donné en location) doit être déclaré en revenus[73]. Le régime fiscal des immeubles productifs de revenus fonciers est alors applicable[74] et toutes les charges sont déductibles à 100 % des loyers fictivement perçus[75]. C'est la solution qui semble devoir

---

69 Il est ici question du régime fiscal de l'impôt sur le revenu (CGI, art. 156), mais le dispositif du mécénat (CGI, art 200 et 238 bis) comme l'exonération des droits de mutation à titre gratuit nécessitent un droit de propriété, celui de l'emphytéote étant parfois insuffisant ou inadapté, v. les contributions de J.-R. Pellas et E. Galifer dans cet ouvrage.

70 V. BOI-RFPI-CHAMP-20, 14 juin 2017.

71 Pour que toutes les charges soient déductibles à 100 %, le monument doit être considéré comme ouvert par le propriétaire, ce qui suppose un commodat limité, soit dans l'espace en excluant les parties accessibles au public, soit dans le temps en réservant le prêt à usage aux périodes pendant lesquelles le monument n'est pas ouvert.

72 Dans les hypothèses où la visite est limitée dans le temps et dans l'espace à une personne physique qui l'utilise comme logement lorsque le monument est fermé, l'affectation à l'habitation ne saurait être remise en cause.

73 CGI, art. 30. L'évaluation dudit loyer n'est pas aisée pour ce type de bien.

74 V. not. BOI-RFPI-SPEC-30-20-10, 19 déc. 2018.

75 Les textes relatifs au régime fiscal des monuments historiques ne traitent pas de ce cas et la jurisprudence ne semble pas avoir eu l'occasion de se prononcer en la matière. Une autre interprétation des textes en vigueur

être retenue lorsque le commodat est consenti à une association ; si elle paraît favorable, elle peut s'avérer pénalisante dans l'hypothèse où les dépenses sont laissées à la charge de l'emprunteur et que le prêteur n'a donc rien à déduire (ou seulement les dépenses répétées).

Dès lors, le commodat présente des caractéristiques intéressantes pour la gestion des monuments historiques, ce qui explique la fréquence de son utilisation, notamment par des associations locales attachées au monument. Toutefois, il ne saurait remplacer le bail emphytéotique tant les spécificités de chacun de ces contrats sont éloignées et ne permettent pas d'atteindre les mêmes objectifs. Il appartient dès lors au propriétaire de déterminer clairement son intention avant la mise en place de ce type de contrat, de façon à faire le bon choix.

Le 23 novembre 2018 (mis à jour en novembre 2019).

---

consisterait à considérer que, pour les monuments historiques, l'affectation finale du bien est sans incidence et que les dépenses engagées par le prêteur restent déductibles à 50 % (hors travaux subventionnés), le monument étant alors considéré comme réservé à la jouissance du propriétaire (usage privatif).

V
Conclusion

Propos conclusifs[1]

Marie CORNU
Directrice de recherches
CNRS, ISP Paris-Saclay

Mes remerciements vont aux organisateurs, aux maîtres de ce beau lieu de mémoire qu'est le Musée de la Chasse et de la Nature. Bravo à l'emphytéote ! Ils vont aussi à tous les intervenants qui, dans la variété de leurs points de vue, ont substantiellement nourri ces propos conclusifs. En mode *appropriationniste*, je me suis livrée à un certain nombre d'emprunts à vos riches exposés. Vous reconnaîtrez bien de vos mots et de vos idées ici.

I. Le bail emphytéotique, contrat à usages multiples

Nous avons évoqué tout au long de cette journée ce dispositif contractuel singulier qu'est l'emphytéose, figure dérogatoire dans le droit du bail. À l'origine conçu comme mode d'exploitation des terres – contrat spécial encore aujourd'hui défini dans le code rural sous le livre des baux ruraux –, il a conquis bien d'autres territoires, en particulier celui du droit administratif. Il ne cesse d'étendre son emprise sur toutes sortes d'activités, toutes sortes de biens.
Nous l'observons en lien avec la thématique des monuments historiques. Le sujet est par conséquent très ciblé. On pourrait penser en faire le tour assez rapidement, mais, en réalité, les contributions de cette journée ont révélé toute la complexité de l'outil. Elles ont montré la richesse et la diversité des questions qui se déploient à partir de ce petit objet du droit, ce sur le double terrain de la pratique et de la théorie.

[1] La forme orale a été conservée.

L'emphytéose, le mot a son charme. Il a échappé au train de suppression des termes sous l'impératif de modernisation de la langue juridique et c'est heureux. Le chirographaire a eu moins de chance.

L'emphytéose, issue de la ruralité, est un terreau fertile.
A été abondamment et savamment cartographiée la technique juridique, située à la jonction du droit de propriété et du droit des contrats, où l'articulation se réalise dans des termes distincts selon la nature de la relation contractuelle, inscrite dans un rapport de droit civil ou de droit administratif, variable encore selon le régime du bien ou le type d'activité considérée. Le regain d'intérêt pour cette figure s'est particulièrement illustré dans le champ du droit public. Les mécanismes d'attribution de droits réels sur le domaine privé et sur le domaine public n'ont cessé de s'étendre, d'une façon quelque peu désordonnée semble-t-il et au gré des besoins, sorte de couteau suisse à usages multiples, entre les mains des propriétaires.
Les modalités en sont à géométrie variable avec la dernière figure en date du BEA (bail emphytéotique administratif) *valorisation* comme on le désigne et qui devrait nous intéresser, particulièrement en matière patrimoniale. Sa genèse renvoie à des périodes quelque peu mouvementées, avec le projet de cession par l'État d'un monument emblématique de la mémoire nationale, projet contre lequel se sont battues un certain nombre d'associations, de personnalités, etc. On allait sacrifier nos valeurs d'héritage sur l'Hôtel de la Marine. Le projet échoue et vient cet outil nouveau qui, étrange paradoxe, ne servira pas cette cause de défense patrimoniale. C'est que les temporalités des faits et du droit ne sont pas toujours accordées.
Le droit public et le droit privé ont leurs solutions propres bien entendu, mais – et c'est une autre perspective hautement stimulante –, les deux ne fonctionnent pas en vase clos. Il y a d'évidents mouvements d'interaction, dans la conception et la

construction du dispositif. D'abord la définition source, la définition souche pourrait-on dire : elle est dans le code rural et sert de matrice normative à l'ensemble des contrats de bail emphytéotique. En accuse le rapprochement la convocation de cette figure des monuments historiques, forme de méta-propriété collective, venant, comme en écho à la vieille distinction entre domaine éminent et domaine utile, coiffer toute sortes de biens privés et publics. Contrat inscrit dans le temps long, sa temporalité rejoint parfois, en forme incubatoire celle du monument historique. 99 ans est la limite temporelle externe, presque la même que celle, souterraine et issue de la doctrine administrative, qui, pendant longtemps, "décrétait" que les édifices de moins de 100 ans ne sauraient être protégés.

L'emphytéose est encore un lieu de comparaison en droit interne, en particulier sur les différents procédés de constitution de droits d'usage, de jouissance, d'occupation de la chose. Il y a des modèles alternatifs.
Alternatives dans le droit privé, la boîte à outils regorge de formules contractuelles, le bail à construction, le bail commercial, l'usufruit, la cession maîtrisée en forme de vente à charge, le réméré, le commodat, ces jolis petits contrats.
Alternatives dans le droit public, elles prennent diverses formes, partenariats public/privé, marchés publics, appels à projets, outils en vogue quoiqu'assez vagues avec des mouvements de flux et de reflux en droit administratif, aujourd'hui sérieusement corseté par le droit public économique, en particulier avec la loi MOP, et bien sûr, en emprunt des techniques civilistes, les déclinaisons multiples des contrats publics de bail.
Les utilités de ce bail ont été diversement mises en mots dans les exposés théoriques comme dans les témoignages. Les organisateurs ont eu à cœur d'instaurer ce dialogue, format d'échange dont nous avons tiré grand profit. On a eu une impressionnante galerie de portraits de bailleurs et de

preneurs. Ils ont dit ce qu'est pour eux le bail, la liste est sans ordre : un mode de pérennisation de la propriété, une stratégie permettant de sauter une génération, un outil de réinvention de la gestion et du modèle économique qui s'y attache en matière de monuments historiques, un instrument d'optimisation fiscale, une manière d'évitement de la grande braderie du patrimoine public, le « pire qu'une ruine » (l'emphytéose n'est pas toujours le bel et bon contrat), l'inscription du monument dans le temps long, un mode de détournement des outils classiques, une façon d'investir des moyens humains et matériels, une incubation de monuments, une manière joyeuse d'exister… Il n'y avait pas que du droit dans ces qualifications.

Vous l'avez compris, j'aime cet exercice de la classification. Car les inventaires parlent. Ils ne sont pas de simples mises en ordre, de simples mises en mots. Ils disent que la veine gestionnaire n'est pas la seule. À l'écoute des récits emphytéotes, on entend que ce contrat n'est pas séparable de la dimension d'aventure humaine, précisément parce qu'il a besoin de temps pour exister et que ses multiples utilités imposent du « cousu main » en particulier dans le soin à apporter à la rédaction du contrat et plus fondamentalement à l'expression de la volonté des parties.

Ce qui est sûr, c'est que ce bail, pièce unique taillée dans chaque cas d'espèce, met au contact la logique du contrat et celle de la contrainte. Il est un lieu d'expression et d'accommodement d'intérêts antagonistes. L'emphytéose comme outil d'exploitation, de valorisation du patrimoine est précisément au croisement de ces deux logiques qui pourraient sembler contradictoires. Le contrat, d'un côté, c'est la liberté, la liberté de s'engager, la liberté d'organiser le contenu obligationnel du contrat, d'en préciser les clauses, liberté contractuelle placée autant entre les mains des personnes privées que des personnes publiques. Et dans l'emphytéose, il s'agit sur la longue durée de consentir la

jouissance d'un bien, de conférer un droit réel à un tiers, de le doter d'un droit de jouissance, d'un droit d'occupation renforcé.
Le contrat, c'est la volonté des parties qui oblige. La contrainte de l'autre côté naît du statut particulier des monuments historiques, les inscrits, les classés au titre des monuments historiques, soumis à une servitude d'utilité publique et dont la conservation touche à l'intérêt général, cause qui entame substantiellement la faculté de disposer et de jouir du bien. Il ne s'agit pas que le contrat puisse s'en affranchir.
Comment s'organise ce rapport dialectique entre concession d'un certain usage, parfois un usage marchand, et respect de la conservation du bien ? Comment à l'heure où l'on somme le monument de gagner sa vie, organiser cette confrontation ? Comment la traduire par un intérêt partagé à la vie du monument, à sa mise en valeur, à sa transmission ? Dans cette dialectique très présente au fil de cette journée, on peut se demander en quoi la contrainte peut être au risque du contrat et inversement en quoi le contrat pourrait être au service de la contrainte.

II. La contrainte au risque du contrat

Le risque est double, il est d'ordre patrimonial et d'ordre juridique.

Sur le premier point, le monument historique, patrimoine collectif, est avant tout reconnu comme valeur d'héritage, comme valeur d'existence qui trouve une traduction juridique dans l'énoncé-même de l'obligation à la charge du propriétaire, avant tout obligation de conservation.
Ont été ici identifiés plusieurs points de tensions, notamment les besoins liés à l'usage du bien *versus* l'impératif de conservation, cœur de la contrainte dans le droit des monuments historiques. L'obligation de conservation

matérielle met sous étroit contrôle de l'État tous travaux de de restauration, de réparation ou de modification quelconque, y compris l'attache à perpétuelle demeure d'objets mobiliers (art. L 621-9 du code du patrimoine).
La question de l'utilisation du bien n'est pas nouvelle, elle se pose dès les premiers textes, dès lors qu'un certain nombre d'édifices protégés sont en usage. Ils sont nombreux : usages cultuel, culturel, administratif, militaire. Mais, d'une part, l'usage emportant l'usure du bien, il est le plus souvent considéré comme un risque, rarement comme une valeur en soi, qui pourrait précisément contribuer au sauvetage de sa valeur patrimoniale. Un bien sans usage est-il un bien qui meurt ? C'est ce que soutenait Viollet-le-Duc. D'autre part et surtout, dans l'emphytéose, ce ne sont pas tant les actes d'usage mais les actes d'exploitation du bien qui fournissent la matière du contrat. Il s'agit d'édifier, de restaurer, de rénover, de construire, de mettre en valeur. Certes, ces actes sont soumis au droit des monuments historiques – l'autorité administrative, l'architecte en chef des monuments historiques, le cas échéant l'architecte des bâtiments de France cité en toute fin de journée, veillent au grain – mais le fait-même du contrat sinon oblige du moins incline à une logique de compromis. Et rien n'exclut ce ressort dans le droit spécial du patrimoine.

Le deuxième lieu d'affrontement est celui de l'usage *versus* la valeur symbolique du monument. L'emphytéose implique un projet d'exploitation du bien, une activité humaine. La question est la suivante : peut-on tout faire ? Tout type d'activité est-il admis dans un lieu de mémoire ? Est-il possible de gagner de l'argent avec un monument historique sans porter atteinte à sa fonction de lieu de mémoire ? En somme, peut-on admettre tout commerce en tous lieux ? Le droit des monuments historiques n'en dit rien. Le classement au titre des monuments historiques entame, il est vrai, le droit de disposer de la chose, matériellement, mais non celui d'en jouir.

Sur ce point, il s'abstient. Aucune contrainte n'existe sur la façon dont il faudrait exploiter la chose. Sauf à ce que les actes qui en découlent dégradent le bien, altèrent son intégrité matérielle, aucune sujétion ne pèse sur le propriétaire quant à la destination de la chose, du moins de façon explicite. Sans doute le droit positif pourrait-il offrir des ressources utiles, dont certaines, dormantes, n'en sont pas moins dans la maille du droit. L'on pourrait par exemple tirer de l'exigence de conservation du monument reliée à l'intérêt public, l'idée que cette notion désigne non pas seulement la conservation du corpus mais aussi celle de la préservation de l'intégrité intellectuelle, ce qu'on a pu appeler l'esprit des lieux, en forme de droit moral sur le monument historique. On a avancé l'idée de dignité à propos de l'Hôtel de la Marine, convoité par toutes sortes d'activités peu accordées au lieu. L'emphytéote et le propriétaire sont les dépositaires de cette dignité. Et rien n'exclut, dans les textes, que l'on prenne au sérieux cette dimension d'immatérialité.

Autre ressource possible, les BEA *valorisation* devraient être compris, comme ne renvoyant pas exclusivement aux activités de développement économique – c'est le registre habituellement retenu – mais aussi à celles de mise en valeur, terme plus proche des finalités poursuivies dans le droit des monuments historiques. Mise en valeur, c'est le mot qu'on utilise dans l'énoncé des servitudes d'utilité publique patrimoniales, par exemple celle qui s'attachent à la protection des sites patrimoniaux remarquables[2]. Et dans le cas des BEA *valorisation*, c'est de mise en valeur patrimoniale du monument qu'il s'agit, lorsque la loi décrit son objet. Au sens de l'article L. 2341-1 du code général de la propriété des personnes publiques, il doit être conclu pour un bien immobilier « en vue de sa restauration, de sa réparation ou de sa mise en valeur ».

Le troisième point de tension que l'on pourrait identifier est l'affrontement possible entre logique privative de

---

[2] Art. L. 631-1 du code du patrimoine.

l'emphytéose et valeur sociale. Le patrimoine collectif que sont les monuments historiques ne devrait-il pas être offert à la jouissance commune, là où le contrat en ferme, le cas échéant, l'accès ? La question ne se pose pas si le terrain mis à bail est privé, dans la mesure où le droit des monuments historiques n'impose pas de servitude d'accès. L'usage d'un bien protégé en est réservé au propriétaire. Rien ne s'oppose alors à ce qu'il en consente la jouissance à un tiers, qui, à son tour, en réserverait l'usage. Et de ce point de vue, le bail emphytéotique pourrait au contraire avoir un effet d'ouverture. Mais c'est surtout en matière de propriété publique des monuments historiques que la logique potentiellement privative du contrat pourrait être critiquée. Ayant endossé la défense d'un intérêt public patrimonial, la collectivité publique n'aurait-elle pas un devoir de mise à disposition du bien ? Mais l'attribution d'un droit réel pourrait signifier la privatisation de l'espace public patrimonial. C'est, dans l'affaire de l'Hôtel de la Marine, un des arguments phare des opposants à la cession du monument. L'on pourrait soutenir que l'emphytéose publique réduit précisément ce risque, sinon qu'inscrit dans la durée, elle peut aussi entamer la jouissance collective du bien. Le risque patrimonial ici est un risque social.

Reste le risque juridique qui tient à l'ordre particulier des relations entre le bailleur et le preneur. La présence d'un monument protégé implique d'introduire dans ce réseau relationnel, le personnage de l'État, le cas échéant, s'agissant d'un patrimoine collectif, toute personne ayant intérêt à la conservation et à la transmission du bien. Si l'on se concentre sur les liens de droit entre bailleur et preneur, ils sont d'intensité variable selon les personnes intéressées au contrat. Dans le contrat originaire, l'emphytéose de droit privé, il s'agit d'une propriété démembrée. Le principe est que le preneur a une marge de manœuvre importante, à défaut de quoi le contrat pourrait être requalifié, même si le risque, on nous l'a dit, est faible. Bailleur et emphytéote, dans l'exercice de leurs droits respectifs, jouissent d'une relative indépendance, avec parfois des montages inédits, des contrats pour ainsi dire avec soi-même.

La relation à la personne publique se noue différemment. Elle se mêle davantage des affaires du preneur, même si l'on a aussi observé le faible degré de contrainte des clauses du contrat. On a discuté à ce propos de la faculté de céder librement un droit réel sur un bien symbolique, de l'hypothéquer. C'est qu'il est question de valorisation, certes, mais à des fins spécifiées : la mission de service public, la poursuite de l'intérêt général. La patte de la personne publique se doit d'être plus présente. L'immixtion de la personne publique dans la gestion du bien est une marque distinctive de l'emphytéose publique, même si le droit de l'Union vient aujourd'hui lui chercher noise, avec l'évolution des modalités des marchés publics et concessions. Le risque de requalification y est plus prégnant.
L'attribution de la maîtrise d'ouvrage à la personne publique propriétaire met en l'occurrence en question cet équilibre et la distribution des intérêts en présence. Finalement, on voit à quel point les frontières entre ce qui profite au bailleur ou au preneur sont poreuses du côté privé comme du côté public. Il y a de toute évidence un intérêt partagé, point d'équilibre qui, aujourd'hui, semble menacé.
Où on a vu aussi qu'en matière fiscale, propriétaire et emphytéote sont parfois assimilés ou confondus avec quelques plages d'incertitude où l'administration s'en tire habilement avec la théorie des utilités, en forme de clin d'œil aux propriétés simultanées, peut-être de façon plus contemporaine à l'idée que le rapport aux choses ne se réduit pas à un schéma de relation exclusive. Restent des zones d'ombre, en particulier l'articulation entre, d'un côté, règles de responsabilité du propriétaire inscrites dans le code du patrimoine s'agissant des monuments historiques et, de l'autre côté, pouvoir de jouissance de l'emphytéote.

Le couple contrat/contrainte est sans aucun doute tensionnel diraient les sociologues, conflictuel. Mais inversant la perspective, on peut aussi se demander en quoi le contrat pourrait être au service de la contrainte, plus spécialement en quoi le contrat de bail pourrait assurer, voire renforcer, les obligations qui découlent de la reconnaissance d'une valeur patrimoniale.

III. Le contrat au soutien de la contrainte

La question est celle des ressources normatives du contrat. En quoi, finalement, le lien contractuel pourrait venir relayer, augmenter les ressorts de protection puisés dans le droit des monuments historiques. En règle générale, l'utilité du recours à un procédé contractuel est quelque peu invisibilisé dans le champ de la protection du patrimoine, fréquemment ramené à un dispositif de police administrative, attaché à édicter des restrictions à la propriété dictées par la nécessité publique. Le contrat ne serait pas le mode d'agir pour assurer la conservation d'un bien symbolique. Mais les textes et la pratique nuancent sérieusement cette affirmation.

Dans les textes, l'idée d'assortir la cession d'un bien d'un cahier des charges était déjà présente dans la loi de 1913, modifiée en 1966. Cet outil est aussi prévu dans le dispositif initié à la suite du rapport rendu par René Rémond à Jean-Jacques Aillagon, alors ministre de la Culture, en novembre 2003. Ce rapport préconisait les possibles et souhaitables (ou non) transferts de propriété vers les collectivités territoriales.

Ces outils contractuels, précisément, permettent d'alourdir la charge, en particulier de préciser la destination de la chose, d'imposer des activités conformes à l'esprit des lieux. On a pu évoquer à ce propos le principe de précaution culturelle au moment de la discussion autour du projet de loi sur la protection du patrimoine monumental. On a alors voulu encadrer plus sérieusement encore l'exercice d'activités dans

des lieux protégés avec la création d'un Haut Conseil du Patrimoine chargé de veiller aux utilisations conformes et l'exigence de préciser un projet culturel. L'Hôtel de la Marine était à nouveau en arrière-plan des travaux parlementaires. Le projet de loi a été abandonné et l'idée avec. Elle n'est plus dans la loi LCAP du 7 juillet 2016. Dans la pratique, ensuite, on a vu tout au long de la journée, au travers de nombreux exemples, à quel point ce ressort pourtant sous-estimé peut être puissant.
Et puis, le lieu du contrat, c'est aussi l'occasion d'aborder la question du mobilier, spécialement lorsqu'il entretient des liens étroits avec le monument. L'emphytéose a pour assiette l'immeuble, mais rien n'exclut d'y accrocher d'autres contrats, par exemple un commodat ? Encore qu'il pourrait aussi être vu comme une forme d'abus de droit fiscal. On peut citer l'exemple de la collection Gandur qui devait rejoindre le Musée d'art et d'histoire de Genève pour une période longue, contrat innomé dans lequel la propriété des objets et œuvres conservées et restaurées au musée retournait au collectionneur ou à ses ayants droit à l'issue d'une période longue. Sous réserve de lever l'hypothèque du *numerus clausus* des droits réels, il y a sans doute à inventer de ce côté des éléments mobiliers.

Chemin intéressant que ce chemin du contrat au service de la contrainte, chemin escarpé cependant, semé d'embûches et pour le moins étroit. Les réformes récentes, sans fermer la porte au BEA, le rendent d'un usage très contraint, borné, outrageusement ont pensé certains, par le droit du patrimoine, sans doute plus encore pour les collectivités territoriales et pour l'État. Le BEA *valorisation* au service du patrimoine aurait-il vécu ? Il y a peut-être un lobbying à faire jouer en matière d'exception patrimoniale, sans doute une réflexion prospective à mener sur la notion de BEA *patrimonial*, qui permettrait de réduire certaines différences entre droit public et droit privé, perspective en pleine cohérence avec l'idée d'un héritage partagé. Retravailler le dessin et la partition des droits et obligations, veiller au mieux à la garde et à la conservation de la chose, prendre en compte la part du gratuit, l'intérêt du public, l'intention libérale en particulier en matière fiscale, s'atteler aux processus de transmission, penser aussi les hypothèses de sortie de contrat dictées par l'intérêt général. Il faudrait ici méthodiquement moissonner toutes les propositions de réforme suggérées aujourd'hui. L'objet « monument historique » mériterait sans aucun doute son contrat.

Le 19 novembre 2018 (relu en mai 2024).

Table des matières

II
La rédaction du contrat

III
La vie du contrat

IV
La sortie du contrat

V
Les alternatives au bail emphytéotique

VI

Conclusion

Perrine MARX, *La place de la création contemporaine dans la fabrique urbaine. État des lieux juridique de l'initiative artistique dans la ville,* 2021.

Mylène LE ROUX (dir.), *La reconversion du patrimoine public monumental. L'exemple du Grand Hôtel Dieu de Lyon*, 2020.

Guillaume LAMBERT, *Blanchiment et marché de l'art. Le droit et la pratique*, 2020.

Agathe LAGAUCHE, *Les musées de France à l'heure de la métropolisation*, 2019.

Inès LAMOURI, *Les ensembles décoratifs en droit. Enjeux juridiques de la protection patrimoniale des meubles et immeubles formant une cohérence d'ensemble*, 2018.

Géraldine GOFFAUX CALLEBAUT (dir.), *Éthique et patrimoine culturel. Regards croisés*, 2016.

Sophie MONNIER, Karen FIORENTINO, *Les archives hospitalières*, 2016.

Marie-Christine PIATTI, Alexandre QUIQUEREZ (dir.), *L'accès aux biens culturels*, 2016.

Marie CORNU, Jérôme FROMAGEAU, Yann POTIN (dir.), *Les archives et la genèse des lois*, 2016.

Nathalie BETTIO, Pierre-Alain COLLOT, Nicoletta PERLO, Karl-Henri VOIZARD (dir.), *La valorisation économique des biens culturels locaux en France et en Italie*, 2016.

Abdoulaye CAMARA, Vincent NÉGRI (dir.), *La protection du patrimoine archéologique*, 2016.

Mylène LE ROUX (dir.), *Crise et patrimoine monumental*, 2016.

Antoinette MAGET, *Collectionnisme public et conscience patrimoniale. Les collections d'antiquités égyptiennes en Europe*, 2009.

Caroline RAINETTE (dir.), *Guide juridique à l'usage des professionnels du patrimoine scientifique et technique*, 2008.

Laurence MAYER-ROBITAILLE, *Le statut juridique des biens et services culturels dans les accords commerciaux internationaux*, 2008.

Marie CORNU, Jérôme FROMAGEAU *(sous la direction), Archives et Patrimoine,* vol. I et II, 2004.

Marie CORNU, Jérôme FROMAGEAU *(sous la direction), Archives et Recherche,* 2003.

Marie CORNU, Marie-Agnès FERAULT, Jérôme FROMAGEAU (sous la direction), *Patrimoine architectural, urbain et paysager : enjeux juridiques et dynamiques territoriales*, 2003.

Annie HERITIER, *La genèse de la notion juridique de patrimoine artistique,* 2003.

Marie CORNU, Jérôme FROMAGEAU (sous la direction), *Le patrimoine culturel et la mer,* 2002.

Marie CORNU, Jérôme FROMAGEAU (sous la direction), *Genèse du droit de l'environnement*, 2001.

Marie CORNU, Jérôme FROMAGEAU (sous la direction), *Fondation et trust dans la protection du patrimoine*, 1999.

Structures éditoriales du groupe L'Harmattan

L'Harmattan Italie
Via degli Artisti, 15
10124 Torino
harmattan.italia@gmail.com

L'Harmattan Hongrie
Kossuth l. u. 14-16.
1053 Budapest
harmattan@harmattan.hu

L'Harmattan Sénégal
10 VDN en face Mermoz
BP 45034 Dakar-Fann
senharmattan@gmail.com

L'Harmattan Cameroun
TSINGA/FECAFOOT
BP 11486 Yaoundé
inkoukam@gmail.com

L'Harmattan Burkina Faso
Achille Somé – tengnule@hotmail.fr

L'Harmattan Guinée
Almamya, rue KA 028 OKB Agency
BP 3470 Conakry
harmattanguinee@yahoo.fr

L'Harmattan RDC
185, avenue Nyangwe
Commune de Lingwala – Kinshasa
matangilamusadila@yahoo.fr

L'Harmattan Congo
219, avenue Nelson Mandela
BP 2874 Brazzaville
harmattan.congo@yahoo.fr

L'Harmattan Mali
ACI 2000 - Immeuble Mgr Jean Marie Cisse
Bureau 10
BP 145 Bamako-Mali
mali@harmattan.fr

L'Harmattan Togo
Djidjole – Lomé
Maison Amela
face EPP BATOME
ddamela@aol.com

L'Harmattan Côte d'Ivoire
Résidence Karl – Cité des Arts
Abidjan-Cocody
03 BP 1588 Abidjan
espace_harmattan.ci@hotmail.fr

Nos librairies en France

Librairie internationale
16, rue des Écoles
75005 Paris
librairie.internationale@harmattan.fr
01 40 46 79 11
www.librairieharmattan.com

Librairie des savoirs
21, rue des Écoles
75005 Paris
librairie.sh@harmattan.fr
01 46 34 13 71
www.librairieharmattansh.com

Librairie Le Lucernaire
53, rue Notre-Dame-des-Champs
75006 Paris
librairie@lucernaire.fr
01 42 22 67 13

www.ingramcontent.com/pod-product-compliance
Lightning Source LLC
LaVergne TN
LVHW011017061026
849535LV00006B/1926